中公クラシックス W15

オルテガ

大衆の反逆

寺田和夫 訳

中央公論新社

目次

今日的オルテガ

佐々木孝

大衆化社会のどん詰まりで

もしもそんな装置が現実にあるとしての話だが、たとえば軽井沢か湘南海岸に一時間に一度シャッターが下りるようなカメラを設置し、ここ百年間撮り続けたフィルムを映写したとしたらどうだろう。初めのうちは熊《くま》か猪《いのしし》、あるいは漁師らしきものの姿が一瞬見えたか見えない程度であったものが、次には金持ちらしき家族連れが夏服姿あるいは旧式の水着姿でちらっと写るようになり、さらには次第に庶民らしき姿も数を増し、最後はそこが都会の雑踏あるいは遊園地のプールかと見紛《みまご》うほどの人間たちの雑踏が映し出される。

オルテガの『大衆の反逆』(一九三〇年刊行)はそんな視覚的にもインパクトの強い描写から二十世紀最大の問題へとわれわれを導いていく。それから数年後、時代を読むことにかけては天才としか言いようのない一人の喜劇役者が、映画『モダン・タイムス』（一九三六年）のやはり冒頭において、ひしめき合う羊の群れがいつの間にか地下鉄の出口から溢《あふ》れ出てくる労働者の群れに重なるという絶妙な手法で、大衆化社会の滑稽《こっけい》かつ悲劇的な世界を描いた。描く視点は異なるが、前世紀が決定的に大衆の世紀であることを鮮烈に描き出したことでは軌を一にする。そして映画の舞台がアメリカであったことも必然であった。なぜなら、オルテガも本書で言っているように「アメリカは、ある意味で、大衆の天国」（一四四ページ）だからである。

ところで、どの時代に生み出された思想であれ、それを真に理解しようとすれば、それが書かれた時代についての知識を必要とすることは論を俟《ま》たない。しかし本物の古典がなぜ生き長らえるかといえば、実はそれが時間の風雪に耐えるから、つまりどうしても無視できない読み手の現在という時代的書き割りの中でもその有効性を減じないからである。

はっきり言おう。昨（二〇〇一）年九月十一日にその大衆化社会の先頭を行くアメリカで起こった同時多発テロ事件とその後の経過の中でもなおそのメッセージが有効かどうかということである。発表されてから七十年以上経っている本書がその思想的有効性を今になって試され検証されるのは少し酷かも知れない。しかし現代大衆化社会の到来を逸早《いちはや》く予告し、それに警鐘を鳴らしたことでその名を世界に馳《は》せた本書が（アメリカの *Atlantic Monthly* 誌［一八五七年ボストンで創刊された文化評論誌］で、ルソーの『社会契約論』が十八世紀を、マルクスの『資本論』が十九世紀を、そしてこの『大衆の反逆』が二十世紀を代表する著作と認定されたことは有名だが）、この事件との関連の中でその先見性と有効性が試され検証されるのも当然といえば当然である。当たり前のことだが、この本にも既に古くなった部分といまだにその新しさを失わない部分とが混在している。もちろん古くなった部分は、社会現象に触れた部分であり、古びていない部分は、この本の本体である哲学的な部分である。「私は、この論文に歴史哲学を盛りこむつもりはない。しかし、私がいろいろな機会にはっきりと、あるいはそれとなく述べてきた哲学的信念の土台の上に、この論文を築きつつあることはもちろんである」（九二ページ）。

すでに古くなった部分と未《いま》だに新しさを失っていない部分との二極分離現象は、執筆当時はいまだ予兆であり点線であった部分が現実となり実線となったために起こったものであろう。そしてこうも言えるのではないか。すなわち現在こそまさに大衆化社会のどん詰まりである、と。大衆化社会の成熟と言わず、なぜどん詰まりと言ったかといえば、それを成熟、完成、終末と呼ぼうが「どん詰まり」はどう気取ろうとどん詰まりには違いないからである。どん詰まりは、たとえば「切り通し」のように、あるものの終わりであると同時にまた始まりでもある、といった展望が開かれない状態をいう。次のステップが見えない、手詰まりなのだ。ということは前世紀に下したオルテガの診断がいまなお有効であり、われわれが彼の意見を傾聴しなければならぬ事態が未だに続いているということである。

実はわれわれは二十世紀の諸問題を何一つ解決しないままに新世紀に突入したのである。「二〇〇〇年問題」などというコンピュータがらみで騒がれた怪しげな一線を無事越えたと思いきや、世界は前世紀となに一つ変わっていなかったのだ。そういえば、先日のテロ事件直後、これは新しい形の戦争であるとの論調が大勢を占めた。もちろんそれは国と国との戦争ではなく、国と個人あるいはグループとの間の戦争という意味で言われた言葉だが、しかし当事者がどれあるいはだれであれ、その残虐さということならば、あの貿易センタービルの衝撃的な映像より、それこそ何十倍も、いや何百倍も凄惨《せいさん》な映像をわれわれは何度も目にしてきたことをケロリと忘れている。たとえばそれは広島・長崎への原爆投下の際のあのきのこ雲であり、アウシュヴィッツのユダヤ人大量虐殺の生々しい現場であり、ポル・ポト派による同胞殺戮《さつりく》を物語るあの髑髏《どくろ》の山である。つまり言いたいのは、新しさを強調することで、過去の経験を（たとえばベトナム戦争やアフガニスタン戦争を）反芻《はんすう》して正しく適切な対応策を案出する労を省略し、まずもって直接行動に踏み切っているということである。連日テレビに登場する首脳たちの芝居がかった顔つき、そして彼らが断固たる姿勢を、と言えば言うほど、その判断が実にあやふやな根拠しか持たぬことを逆に透かし見せている。げに映像とはおそろしい。あらゆる人間的事象が今までいつもそうであったように、確かにいつかはこの悲劇も一応の終息期を迎えるであろう。しかしその時、すでに失われてしまったものは、もはや取り返しがつかないのだ。ましてやそれが人の命であった場合にはなおさら。
「民主主義は、その形式や発達程度とは無関係に、一つのとるにたりない技術的細目にその健全さを左右される。その細目とは、選挙の手続きである」（二〇七ページ）。だれもが知っていることだが、彼ら首脳たちが登場した際のその手続きのあやうさ、いかがわしさをこの際きちんと覚えておこう（フロリダ州の投票用紙が正確にカウントされていたら民主党のゴア政権が誕生していたはずというお粗末さ）。オルテガがヨーロッパについて書いた次の言葉は現在のアメリカや日本に置き換えられはしないか。「ヨーロッパの歴史は、いまやはじめて、じっさいに凡庸な人間の決定にゆだねられているように見えるという新しい社会的事実である」（一一八ページ）。もちろん「いまやはじめて」ではない。

両政府とも世論という怪しげな基盤に乗っかっている。確かに「世論の法則は、政治史の万有引力（の法則）である」（一六〇ページ）が、しかし現時点にあって、その世論はテレビの視聴率と同じく、得体の知れぬ、顔のない数字として現れる。いかなる責任主体としても存在せぬのっぺらぼうとして。

ところで先ほどの「どん詰まり」という言葉だが、のちに触れる「生の理法・視点」と関係あることなので少し脱線させていただきたい。というのは、スペイン語以外のほとんどすべての言語は、たとえば英語は、「終末論」（eschatology）と「糞尿《ふんにょう》趣味」（scatology）をそれぞれ違った綴《つづ》りで表記するのに対し、スペイン語では同じ綴り（escatología）だということである。つまり少し品がないが、「糞味噌《くそみそ》一緒」なのだ。しかしこのほうが理屈に合っている。なぜなら「終末」も「糞」も「どん詰まり」には違いないからである。スペインはスープの養分をスブスタンシア（実体）というおそろしいまでに哲学的な言葉で表現している唯一の国だ、と言ったのは確かウナムーノだと思うが、スペインは、あるいはスペイン文化は、天上と地上が、形而上《けいじじょう》と形而下が、精神と物質が、垂直的視点と水平的視点が、あるいは貴族と平民が陸続きというか混在している文化なのだ。スペインの理想主義と現実主義の関係もけっして二元論的対立構造にはならない。ちょうど物語の最後でドン・キホーテがサンチョ化し、サンチョがドン・キホーテ化されたように。だから近代スペインの諸現象をヨーロッパ的基準で見ていくと、必ずと言っていいほど袋小路にぶち当たる。あるいは逆に、われわれの場合のように、世界に起こったさまざまな事件を、スペイン的視点（とひとまずは言うしかないが）から見ていくと、とたんに分かりにくくなってくる。というより、問題の本質を別様の角度から見せられる、と言ったほうがいいかも知れない。

スペイン思想史を貫流するもの

閑話休題。これはなにも『大衆の反逆』の場合だけではないが、昔々に下された診断が既に二十一世紀に入ったというのに、妙に生々しくその有効性を発揮してくることがある。とりわけ透徹した「末期《まつご》の目」で移ろいやすい現象を正確に見定めた思想が、二十一世紀にますますその有効性を発揮している。いや、末期の目などという曖昧《あいまい》な文学的表現をすべきではないかも知れない。オルテガならそれを「難破者の思想」と言うであろう。「具体的な生の現実は、つねにただ一つであり、それは本質的に混乱し、こみいっている」「頭脳明晰《めいせき》な人間とは、幻覚的な《思想》から自由となり、生を直視し、生に含まれるものはすべて疑問視されることを理解し、自分が迷っていると自覚している人である」「これだけが真の思想であり……それ以外は修辞であり、ポーズであり、自己欺瞞《ぎまん》である」(二〇四―二〇五ページ)。

ここで再三繰り返されている「生」という言葉に注目したい。この言葉は単にオルテガ哲学のキーワードであるだけではなく、スペイン思想の、さらにはスペイン文化そのもののキーワードであると言っても過言ではない。西欧精神史をもし乱暴に裁断してしまえば、ギリシアの昔から人間は大きく二つの原理によって動かされてきたと言えるだろう。理性と生である。思い切り砕いて言えば、人は「考えるために生きるのか」それとも「生きるために考えるのか」ということである。常識的に言えば「考えるために生きる」などとだれも思うはずがない。しかし実際は、歴史上何度となく人は「考えるために生きる」としか言いようのない偏倚《へんい》を経験してきたのだ。事実近代ヨーロッパは大きく理性に傾斜した。デカルトの「われ思う、ゆえにわれ在り」はその近代の基本戦略を公言したものといえる。ところがヨーロッパ近代の廃嫡された長子とも言うべきスペインは意固地に生の立場に留まった。理性を異様なまでに称揚し、時に神格化さえ厭わなかった近代というバスに、スペインが乗り遅れた感のあるのはおおむねそのためである。

ところで近代とは何であったのか。いや、いま過去形で言ってしまったが、果たしてわれわれは近代を乗り越えたのだろうか。近代の超克が話題にされるようになってから既に半世紀以上が経過した（小林秀雄らが「近代の超克」と題する座談会を催したのは、なんと一九四二年である）のに、もしかしてわれわれはその近代のどん詰まりから未だに抜け出せないでいるのではないか。もちろん今ここで近代とは何である（あった）のか、その功罪は、などというとてつもなく大きい問題にかかずらう余裕はない。ただ一つ、ウナムーノがこの問題を実に分かりやすく整理してくれているので、それを紹介しておきたい。彼によれば、このヨーロッパ近代は次の三つのRから成り立っている。すなわちルネッサンス（renacimiento）、宗教改革（reforma）、そして革命（revolución）である。最後の革命には、狭義の市民革命だけでなく、広義の産業革命までもが包摂される。そしてこの場合の接頭辞（re-）は、近代がいかに自信に満ちたものであるかを示している（もちろん命名は後代によるが）。つまり、とここで選手交代して本書の中のオルテガの言葉を引用する、「ある時代が、みずから近代と名乗るなどとは、名前からしておだやかでない。いってみれば、それは最後で、決定的だということであり、それに比べれば、それ以外の時代はすべて、完全に過去であり、近代文化を目ざすつつましい準備と願いの時代ということである」（三一―三二

『ドン・キホーテ』の作者セルバンテス、そしてスペイン神秘主義の至宝サンタ・テレサまでもがユダヤ教からの改宗者の血筋に連なる。生を重層的に見ざるを得ない位相に属する人たちの連綿と続く系譜。

しかしなぜ現実を近代理性（というような言葉使いが許されるなら）の視点から眺めることを潔しとしない姿勢が形成されたか、そのもっとも重大な理由は、新世界発見とその後に生じた難問の数々のなかで試され鍛えられた人間観によるものではないかと思われる。簡単に言うなら、戦乱と権謀術数の中の体験と思索から生まれたとはいえ、あくまで旧世界内思想、つまりアリストテレスの言う自由人と奴隷という二重の人間観に沿ったイタリア人文主義者たちの人間観とは違って、新世界のインディオというまぎれもない「他者」との出会いと相克の中で鍛え上げられたのっぴきならぬ、それこそウナムーノの言う「肉と骨を備えた」人間像の誕生である。すなわち自らは新世界体験がないながら、キリスト教、ユダヤ教、イスラム教を共に射程に入れつつ新しい人間学を構築しようとしたルイス・ビーベス（一四九二―一五四〇）、そしてサラマンカ学派の牽《けん》引《いんしゃ》車として、フーゴ・グロティウス（一五八三―一六四五）より一世紀も前に国際法の基礎を作り上げたフランシスコ・ビトリア（一四八三―一五四六）、そして自らコンキスタドールとして汚辱の過去を持ちながら、生涯を通してインディオ擁護のために闘い、同時にまったく新しい世界史像を構築した（これについては石原保徳氏の見事な研究『世界史への道』［丸善ライブラリー］がある）ラス・カサス（一四八四―一五六六）たちの登場によって、「生」の持つとてつもなく大きな問題性を捉《とら》え、それを追究する感覚器官が徐々に形成されていったのである。その彼ら三人が、ともに改宗者の血筋に連なる知識人であるのは、たんなる偶然であろうか。ともあれウナムーノやオルテガ自身は意識するはずもないが、われわれにはスペイン精神史を貫流する太い人文思想が彼らにも流れこんでいるのが見えるのである。

ウナムーノとオルテガ

さて近代にあって理性がその指導理念としてあらゆる領域にわたってその力を誇示したとはいえ、スペイン以外の国で「生」の理念がまったく消滅したわけではない。それは休火山のように、時おり地下深くから「生」のマグマを噴き上げた。十九世紀末のニーチェ（一八四四―一九〇〇）、二十世紀初頭のディルタイ（一八三三―一九一一）、ジンメル（一八五八―一九一八）、そしてベルクソン（一八五九―一九四一）などいわゆる「生の哲学」者たちの思想がその一例である。しかしオルテガもウナムーノも、これら生の哲学者たちとは微妙な、そして時には本質的な違いを見せる。ここでその違いを考察する紙幅も（いや白状すれば私自身未だにその用意が）ないので、オルテガ理解のためにも、彼と常に並び称されるウナムーノとの違いを簡単に指摘しておきたい。

ウナムーノとオルテガ、この二人は実に好対照をなす思想家である。というより、彼らは盾の両面のように相互補完的な関係を保っているとさえ言える。青年時代にオルテガがこの先輩思想家ウナムーノに抱いた共感と憧《あこが》れと、またそれゆえの後の反発と幻滅を探るだけでも優に現代スペイン思想の大要をたどる旅になってしまうほど、両者は現代スペインの思想界を代表し、そして常に親和と反発の関係を保ってきた。簡単に言ってしまえば、ウナムーノにおいて理性と生は常に対立と排除の関係にあるのに対し、オルテガにあって両者は、まさに相互補完的な関係にあるのだ。つまりウナムーノは、理性があまりにも強大で、また専横をほしいままにしてきたことに真っ向からの対決姿勢を示したのに対し、オルテガは理性の横暴を批判しながらも理性を全面否定するのではなく、むしろそれをしかるべき位置に戻す方策を探ったのである。それが彼の言う「生・理性」(原語は razón vital だが、まだ日本語として定訳がない。「生ける理性」と訳されることもある) である。たとえて言うなら、理性をこれまで君臨してきた王位から追放するのではなく、人間にとってもっとも有能かつ忠実な家臣の位置に就けること (一応の降格) である。ここにもオルテガ哲学の一大特徴とも言うべき絶妙な平衡感覚を読み取ることができる。つまりオルテガは、一方的に理性か生かという二者択一の立場をとるのではなく、両者を可能なかぎり融和させようとしたのである。

したがってウナムーノの立場が「生的なものはすべて反理性的であり、理性的なものはすべて反生的である」とするなら (事実彼はそう言った)、オルテガのそれは「生的なものはすべて理性的であり、理性的なものはすべて生的である」というわけだ。この意味でも両者は実に好対照をなしていると言える。しかし本書を注意深く読んでいけば、オルテガがたんに理性と生の「良いとこ取り」をしているのでないことも分かってくる。つまり彼は究極的には生の側に立っているのだ。

ウナムーノはスペインの本質をめぐる初期作品『生粋《きっすい》主義をめぐって』で、彼の終生の方法論ともなった考え方を次のように述べた。「完全な真理はふつう除去法（via remotionis）によって、すなわち極端なものを排除することによって中庸の中に求められる。ところで極端なものとはその相互的機能と働きによって生のリズムを産み出すものであるが、そうした除去法によっては、ただ真理の影にしか、冷たく陰気な影にしか到達しない。私が思うに、それよりも好ましいのは、別の方法、つまり矛盾を交互に肯定する方法であり、読者の魂の中に極端なものの力をきわ立たせることによって中庸のものが魂の中に活気を帯びることである。生とは闘いの合成運動なのだ」。確かにオルテガには、このウナムーノのような矛盾を交互に肯定する際の激しさはない。しかしオルテガも彼の終生の方法論とも言うべき姿勢を次のように表現している。「われわれの生、人間的生は……あることについてのわれわれの認識のすべてをこれの厳密な観照に究極的に基礎づけ確認しなければならぬ根本実在である」（『個人と社会』）。

だが前述したように、この生の視点に立つとき、すべてはとたんに曖昧さを増し混沌《こんとん》とし、割り切れなさを増幅してくる。「われわれは、本質的に曖昧な一つの状況──今日の状況──にメスを入れている……」（九二ページ）「この形而上的ためらいが、生と関係のあるすべてのものに、不安と戦慄《せんりつ》という、まぎれもない特徴を与える……」（九三ページ）。近代合理主義的視点あるいは数学・科学的理性の視点に立つ場合とはまったく違うのだ。本書を読み進める際に時として感じられる難解性あるいは不透明性は、実はオルテガの思想が手ごたえ確かな対象を探り当てていることの逆証明なのかも知れない。なぜなら、「生は引きとめることも、捕らえることも、跳び越えることもゆるさない一つの手に負えぬ流れである。成りつつあると同時に、手のほどこしようもなく存在することをやめてゆくものである。…（中略）…それはちょうど、それ自体はとらえることのできない風が、やわらかな雲のからだの上に身をおどらせ、それを引き延ばし、よじり、波打たせ、とがらせるようなものである。われわれは視線を上げて、綿毛の形をした雲の中に、風の襲った跡を、その激しくも軽やかなこぶしの跡を見るだけなのだ」（「ロマン主義美術館のために」、『全集』第二巻所収）。

ともあれオルテガがすべてを「生の相の下に」（sub specie vitae）、もっと正確にはすべてを「生の根源において」（in radice vitae）、あるいはすべてを「生成の状態において（in fieri）」見ようとしていたことは間違いない。つまり絶対者でない限り、スピノザ流に「永遠の相の下に」（sub specie aeternitatis）諸現象を見ることは許されない。すべては流動的であり、その時々の歴史的現実を定点観測することは望むべくもないのだ。なぜなら変幻する現象だけでなく、観測者自身も絶えず変化しているからだ。したがって定点観測はすべからく神話化という危険な傾斜をすべり落ちていくことになる。だからたとえば一国の歴史を永遠の相の下に見ることには、唯我独尊的かつ排他的な国粋主義の陥穽《かんせい》が待ち受けているのだ。

その意味でも昨年八月、またもや性懲りもなく繰り返された靖国参拝問題と、ちょうど一月後の同時多発テロ事件とは深層において繋《つな》がっていた。思ってもみないような打撃を受け、自尊心をずたずたにされたアメリカ国民には心から同情するが、しかし事件以後、事あるごとに繰り返される「ゴッド・ブレス・アメリカ」の大合唱には何かしら独善的な、あるいは外部に背を向けた内向的な愛国心の高揚を感じるのは私だけであろうか。イチローが属したマリナーズの選手たちが、地区優勝を決めた試合の後、たぶん期せずしてだろうがピッチャーズ・マウンドの周りに集まって、片膝《かたひざ》立てて祈りを捧《ささ》げた光景は一見感動的なシーンではあった。しかしボクサーがリングに上がる前に捧げる祈りと同じいかがわしさもそこに感じる。つまり相手を完膚なきまでにぶちのめすことができますようにと祈るその対象とはどんな神なのか。マリナーズ選手たちの円陣を見ているうちに、昔の西部劇映画でよく見たシーンを思い出した。インディアンたちに囲まれて円陣を組む幌馬車《ほろばしゃ》隊の姿である。インディアンたちはまるで射的場の人形のようにただ射抜かれるだけのために幌馬車隊のまわりを回っている。そしてあわやという瞬間、必ず騎兵隊のラッパが聞こえてくる。神は白人を見捨てることはない、というわけだ。なぜならインディアンは無知蒙昧《もうまい》の輩《やから》、真の神から見放された邪悪な群れだからだ。

小泉純一郎首相が窮地に立たされたブッシュ大統領を映画『真昼の決闘』の保安官（ゲーリー・クーパー扮《ふん》する）になぞらえたのは、たぶんこうした西部劇仕立ての芝居がかった雰囲気を無意識のうちに感じ取っていたからかも知れない。すると小泉首相は、あの映画の登場人物のだれに自分を見立てていたのか。

平民と地続きの貴族主義

ところでもう一つ、最近とりわけ気になっていることがある。それはわが国において「くに」についての概念の乱れが極限まできていることである。つまり欧米語脈では少なくとも語義の上では峻別《しゅんべつ》されているいくつかの言葉が、わが国では一緒くたにされているのである。すなわち国家（state）、国民国家（nation）、国（country）が、ある場合にはきわめて政治的・意図的に混用されているのだ。言うまでもなくもっともリジッドで冷たい概念はステートであり、そこには生きた人間の姿も、彼らが住む風景も見えてこない純粋に法的な概念である。ネーションに至ってようやく人間の顔が見えてきて、そして最後のカントリーにおいて初めて人間と、そしてその人間と共生する風土が見えてくるのだ。ところが最近の日本語の使い方にはこの本質的な区別がまったくといっていいほど無視されている。そもそも愛国心（patriotism）という言葉に含まれるパトリア（祖国）という言葉そのものが「父祖の地」を意味しており、したがってそれは決して「国家」への愛とイコールでないことを思い起こすべきだ。わが国の近代黎明《れいめい》期にもそうであったように、「父祖の地」と「国家」がぴったり重なることは稀有《けう》のことであり、多くの場合、両者は微妙に、ときには悲劇的に大きくずれているのである。『大衆の反逆』第一部の最終章が「最大の危険物、それは国家である」と題されていることには大きな意味がある。本書ばかりでなく、オルテガ後期の代表作とされる『個人と社会』（原題は「人と人びと」）のやはり最終章で国家権力への言及があり、しかもそれが未完のまま残されていたこともまた暗示的である。

遺作とも言うべきその『個人と社会』において彼が当初考えたプランが、「国家、国家と法、法律、社会の諸形態、遊牧民、種族、国民、国民国家、国際国家、動物《社会》と人間社会、人類」と続いていたという事実はあまり知られていない。もちろん彼が残した作品の諸所から彼の国家論の最終的輪郭をなぞることは出来るかも知れない。しかし彼がいろいろな解釈を可能にする曖昧さを残していたことも否定できない。だから彼を貴族主義的な超保守主義者とみることも可能であった。事実、ファランヘ党（一九三三年にスペインで結成されたファシズム政党）創立者ホセ・アントニオがオルテガを高く評価し、彼の思想を党の綱領に取り入れたことは有名である。またわが国の三島由紀夫や現在一種の国家主義者か新右翼として話題を呼んでいる幾人かの論客たちも、オルテガに一時期親近性を示したことが知られている。しかし結局のところそれらは誤読だったのではなかろうか。もちろん（再度言わねばならないが）、そうした誤読を誘発するものがオルテガの表現にあることは否定できない。しかしこれまで述べて来たことからも分かるように、国家とは人間社会の非人間的部分を構成する《慣習》の究極の形であって、「今日、文明をおびやかしている最大の危険は……生の国有化、国家の干渉主義、国家によるすべての社会の自発性の吸収である」（二四九ページ）とするオルテガの言葉からは、前述の国家主義あるいはショーヴィニスムの対極にある思想が浮かび上がってくるはずである。

彼らがオルテガに惹《ひ》かれたもう一つの理由は彼の貴族主義であろう。確かに本書の随所に、大衆人の対極に位置するものとしての貴族が登場する。もちろんその貴族は社会階級のそれではなく、Noblesse oblige（貴族には貴族の義務がある）という言葉にこめられている貴族である。「この私は、歴史を徹底的に貴族主義的に解釈することで知れわたっている」「社会は貴族的であるかぎりにおいて社会であり、それが非貴族化されるだけ社会でなくなるといえるほど、人間社会はその本質からして、いやがおうでもつねに貴族的なのだ」（一六ページ）。確かにオルテガは貴族的な生き方［をする人］を高く評価し、大衆人（オルテガ自身は、昔から存在したいわゆる大衆と、彼が槍玉《やりだま》に挙げている《大衆人》(hombre-masa) を厳密に使い分けてはいないが）を厳しく批判した。なぜなら前者は「自分に多くを要求し、自分の上に困難と義務を背負いこむ人」であるのに対し、後者は「自分になんら特別な要求をしない人」だからである（九ページ）。二十世紀に生まれ出た新人類とも言うべきこの大衆人の性格は、本書の中で繰り返し分析され診断されている。いわく「慢心した坊ちゃん」、その生の主調音は「ふまじめと冗談」（一二七ページ）、その心の根本的な構造は「閉鎖性と不従順さ」（七八ページ）である。

三島由紀夫は、オルテガのこうした一見貴族主義的な考え方、そしてその延長線上にある国のあり方や軍隊のあり方についての考えに強く引かれたようだ。その間の事情を三島自決の二ヵ月前に彼にインタビューした森本哲郎氏が実に興味深いレポートを書いておられる（「わが友三島由紀夫」、『あしたへの旅』所収）。そこには、ギリシア風の、というよりアポロン風の論理性を標榜《ひょうぼう》していた三島が、とりわけ死の直前にはその論理性自体に無残なまでに裏切られて痛々しいまでに自己破綻《はたん》していたことが報告されている。

ところがオルテガの言う貴族主義は、三島由紀夫流の貴族主義とは大いに趣きを異にする。ましてやヴィクトリア朝コロニアル様式の貴族趣味とは正反対のものである。つまりオルテガの、そしてスペインの貴族主義は上から下へのものではなく、下から上への貴族主義なのだ。一例としてゴヤの「裸のマヤ」を考えてもらえば分かりやすい。いや正確に言うと、「裸のマヤ」ではなく、「着衣のマヤ」のほうである。ここで言うマヤは固有名詞ではなく、マドリードの下町娘（マハ）のことであるが、そこに描かれているのはまさにその下町娘に憧れるあまり、下町娘の衣装をまとって得意げな大貴族アルバ公爵夫人なのだ。つまりスペインの貴族主義は、よく言えば孤高の、時には冷酷無比ともなる貴族主義ではなく、平民と地続きの貴族主義であることを忘れてはならない。つまり「日焼けすれば平民の顔が透けて見える」貴族主義なのだ。

それからオルテガは大衆人を嫌悪するあまり、もしかして哲人政治をひそかに望んでいたのではないか、と思われる向きもあるかも知れない。しかしそれも誤解である。それについては、次のような彼の実に明快な考えがあることを思い起こしたい。

「哲学が支配するためには、哲学者が支配する——プラトンが最初に希望したのはこれである——ことも、帝王たちが哲学する——プラトンがのちにもっと謙虚に期待した——ことさえも必要ではない。そのどちらも、厳密にいえば、いまわしいことである。哲学が支配するためには、哲学が存在すればよい」（一五四ページ注〔1〕）。

生の全体的建て直し

さて言うまでもないことだが、大衆化社会とは近代化が必然的に内包していたもののいわば肥大増殖である。これまで、オルテガが現代の大衆化社会の病理を分析するに当たってとった姿勢が、いかにスペイン精神史の伝統を踏まえたものであるかをたどってみたが、しかし彼の狙《ねら》いは大衆化社会の病理をただ分析することだけだったのであろうか。答えはもちろん否である。つまり彼が求めていたのは、新しくしかも古い視点からの生の全体的建て直しなのだ。本書第二部最後の章のタイトルが「真の問題に到着する」とあって、結局のところ真の問題とは、大衆人のうちにはっきり現れ出た無（没）道徳性（amoralidad）であることが分かる。これは不道徳あるいは非道徳よりもはるかに恐ろしい。なぜならそれは生を内部から蚕食する病だからである。これまで述べてきた大衆化社会の病理の深い原因こそ、まさに現代の人間を無責任な存在としているその無道徳性なのである。しからばわが国でもことあるごとに話題にされる道徳の再建が急務なのか。答えはイエスでありノーである。つまりそれは自称愛国主義者たちの言う旧道徳の復活などではまったくないのである。オルテガの主張がときに国粋主義的な傾向を持つ者たちに誤読されるのはまさにこの点にかかわっている。オルテガが提起しているのは、高所からの道徳律の植え付けのようなことではなく、もともと生そのものに備わる自立的道徳律、すなわちこれまでたびたび触れてきた「生の理法」の自覚なのだ。現代はその生の感覚があらゆる分野で急速に失われている。『大衆の反逆』とほぼ同じ頃に書かれた『大学の使命』の次の言葉は、たんに大学問題のみならず社会のすべての領域で現在起こっている真の問題を摘発している。

「与えることも、要求することもできないものを、与えるふりをし、要求するふりをするがごとき制度は、虚偽の、道徳を乱す制度である。しかるに今日の大学の全企画、全機構のいたるところに、この虚偽の原理がうごいている」（『大学の使命』、井上正訳）。

だれしも漠然とながら感じているのは、いまあらゆる領域でこの自己欺瞞がまかり通っていることである。政治の世界然《しか》り、教育の世界然り。政治の世界での昨今の茶番劇は、大衆化社会のどん詰まり特有の妙な明るさの中の誇張と不真面目さに満ちている。一昔前ならだれも考えもしなかったような茶番がまかり通っている。テレビという媒体が存在しなければ浮上してこないような軽い乗りの国の指導者たち、まさに「耐えがたき存在の軽さ」の世界である。

「われらの時代は、すべての過去の時代よりも豊かであるという奇妙なうぬぼれによって、いやそれどころか、過去全体を無視し、古典的、規範的な時代を認めず、自分が、すべての過去の時代よりもすぐれ、過去に還元されない、新しい生であるとみなしていることによって、特徴づけられるのだ」（四六―四七ページ）。この軽い乗りの状況をいつ、いかなる方法で克服できるか。それは国家の事業でもなければ、学校教育の課題でもなく、まさにわれわれ一人一人が取り組まねばならぬ死活の急務なのである。

さてオルテガの作品としては本書『大衆の反逆』が最初という読者には、もしかすると文明批評家としてのオルテガの印象が強く残ったかも知れない。しかし〈世界の名著〉版の編者高橋徹氏もホアン・リンツからの薦めとして書いておられるように、ぜひ『ドン・キホーテをめぐる思索』そして『個人と社会』へと読み進んでいただきたい。オルテガ哲学の奥深さ、その魅力をぜひ味わっていただきたいからである。『大衆の反逆』は確かに大衆化社会という二十世紀の病理を見事に剔抉《てっけつ》してみせた。しかしそれは、彼の社会学の集大成と言われる『個人と社会』のいわば応用例として位置付けられるべきものであり、さらに言えばその社会学そのものが彼の「生ける理性の哲学」の一具体例であることは間違いない。今まで何度も言及されてきた文言だが、彼の「私は私と私の環境である。もしこの環境を救わないなら私をも救えない」というあの有名な言葉（『ドン・キホーテをめぐる思索』）の深い意味が開示されるまで付き合っていただきたい。二十一世紀の最大課題が貧困と環境の問題だとするなら、その後者の深い哲学的意味（たんなる外的環境ではなく私たち自身の半分を構成するものとして）を深く掘り下げているのも彼の哲学である。したがってオルテガの思想の真価が問われるのはまさにこれからではないか、と思っている。オルテガは本書の最後で言う。「その大問題はあまりに広範なので、この本のなかで扱うわけにはいかない。それを扱うためには、この本のなかで一つの伏線として、織りこまれ、暗示され、つぶやかれた人間の生にたいする教義を、十分に発展させねばならないだろう。その教義を大声で叫ぶときが、まもなく訪れるであろう」（二五四ページ）。それが『個人と社会』なのである。

凡例

一　底本には、La rebelión de las masas, Revista de Occidente, Madrid (Obras Completas, Vol. 4, 1962) を用いた。

一　底本に付された「フランス人のための序文」と「イギリス人のためのあとがき」以外は、すべて訳出されている。なお、翻訳について多くのご協力をいただいたA・マタイス氏に深く感謝する。

一　原注は〔〕、訳注は（）で示してある。

大衆の反逆

第一部　大衆の反逆

1　密集という事実(1)

ヨーロッパ人の現在の社会生活のなかには、よかれあしかれ、なによりも重要な事実が一つある。その事実とは、大衆が社会的勢力の中枢に躍りでたことである。本来のことばの意味からいって、大衆はみずからの生存を管理するべきでないし、また、そんなことはできない。まして、社会を支配するなどは問題外である。だから、右の事実は、民族、国家、文化が忍びうるかぎりの深刻な危機に、ヨーロッパが現にさらされていることを意味する。しかし、この危機は、歴史のなかで一度ならず生じたのである。その特徴とその結果は、わかっている。その名もまた、知られている。それは、大衆の反逆と呼ばれる。

この恐るべき事実を理解するためには、《反逆》《大衆》《社会的勢力》などということばに、排他的に、あるいは第一義的に政治的意味合いを与えることを、最初から避けるのが適当である。なぜならば、社会生活はたんに政治的であるばかりか、同時に、いやそれ以前に、知的、道徳的、経済的、宗教的なものであり、われわれ全体の習慣を包括し、着物や娯楽の様式をも含むからである。

この歴史的現象を把握する最善の方法は、おそらく、われらの時代の特徴のなかで、はっきりと目に見えるものをとりだして、視覚的経験に訴えることであろう。この特徴を分析するのは簡単ではない。だが、記述するのは、いたって容易である。私はこれを、密集、《充満》の事実と名づける。都市は人で充満している。家々は借家人でいっぱい。ホテルは旅行客でいっぱい。汽車は旅客でいっぱい。喫茶店はお客でいっぱい。散歩道は歩行者でいっぱい。知名な医者の診察室は病人でいっぱい。時期はずれでなければ、劇場は観客でいっぱい。海岸は海水浴客でいっぱい。以前には問題にならなかったことが、ほとんど慢性的になりはじめた。それは、場所を見つけることである。

それだけのことだ。現代の生活で、それ以上に簡単な、それ以上に目だつ、それ以上にありふれた事実がありうるだろうか。さて、いま述べた月なみな現象にメスを加えてみよう。やがて、ここから思いがけない泉がわきだし、現代の、つまり今日の白昼の光を映じ、色とりどりに輝くのを見て、人は驚嘆するだろう。

われわれが見るもの、見ることによってわれわれを驚嘆させるものはなんであろうか。文明のつくりだした用具や施設を占拠する群集が、群集としてじっさいに見えるのである。ちょっと反省してみると、われわれは自分の驚いたことに逆に驚く。それがどうしたというのだ。これは理想的なことではないか。劇場に座席があるのは人が坐《すわ》るためで、つまり劇場がいっぱいになるためだ。汽車の座席やホテルの部屋についても同様である。

まちがいなくそのとおりである。しかし問題は、以前にはこれらの建物や乗物がいっぱいになることはなかったのに、いまは満員で、しかも外には、はいりたいのにはいれない人がたくさん立っていることだ。この事実が理屈にかなっており、あたりまえのことであるとしても、以前にはそうでなかったのに、いまはそうである。したがって、なんらかの変化があったのだということを無視するわけにいかない。しかも、この変化たるや斬新な変革であった。だから、少なくとも最初にわれわれが驚いたとしても、不思議ではないのである。

驚くこと、奇異に思うことは、理解への第一歩である。それは知識人のスポーツであり、かれら特有の贅沢《ぜいたく》である。だから、この種族特有の表情は、奇異の念に打たれて世界を眺める大きく見ひらいた目にある。世界のあらゆる事物は奇異であり、大きく見ひらいた瞳《ひとみ》にとって驚嘆に値するのである。驚嘆するというそのことは、サッカーの選手には許されないが、それは知識人を駆って、夢想家のように永遠の陶酔状態のうちに世界を彷徨《ほうこう》させるのである。その特徴は、驚嘆する目にある。だから、古代人はミネルヴァの女神に、つねに大きく見ひらいた目をもつ鳥、すなわちふくろうを与えたのである。

密集、充満という現象は、以前にはあまり見られなかった。なぜ、いまはありふれたことなのだろうか。

これらの群集を構成する人々は無から生じたのではない。ほぼ同数の人が十五年まえに存在していた。そのときは第一次大戦後のことであるから、この数がまえよりもむしろ少ないほうが自然だと思われる。それはさておき、われわれはここで、最初の重要な問題にぶつかるのである。これらの群集をつくる個体は、以前にも存在していたのであるが、それは群集としてではなかった。小さな集団に分かれ、あるいは孤立して、外見上、多様な、無関係な、たがいに離れた生活を送っていたように見える。それぞれ——個人または小さな集団——が、農村、田舎町、小都市の、あるいは大都市の一区域のなかで、一つの場所、おそらく自分自身の場所を占めていたと考えられる。

いまや突然、群集が一種の塊となって出現してきた。われわれの目は、どこにでも、群集を見る。どこにでも？　いや、そうではない。群集はまさに最良の場所を、すなわち、以前には小さなグループのために、つまり少数者のためにとっておかれた、人類文化の比較的洗練された創造物にほかならぬ、最良の場所を占めているのである。

この大群が突然、目に見えるものとなり、社会の高級な場所にはいりこんでしまった。むかしは、もし存在していても、社会という舞台の奥にひっこんでいたので、気づかずにすんだのだが、いまは脚光を浴びる場所にしゃしゃりでてきた。かれらこそ主要人物なのである。もはや主役というものはなく、あるのは合唱団だけとなった。

群集という概念は、量的であり、視覚的である。本来の意味を変えずに、この概念を社会学用語に翻訳してみると、社会大衆という概念が見つかる。社会はつねに、少数者と大衆という、二つの要素の動的な統一体である。少数者は、特別有能な、個人または個人の集団である。大衆とは、格別、資質に恵まれない人々の集合である。だから、大衆ということばを、たんに、また主として、《労働大衆》という意味に解してはならない。大衆とは《平均人》である。それゆえ、たんに量的だったもの——群集——が、質的な特性をもったものに変わる。すなわち、それは、質を共通にするものであり、社会の無宿者であり、他人から自分を区別するのではなく、共通の型をみずから繰り返す人間である。

このように、量から質へ転換することによって、われわれはどんな利益を得たのか。きわめて簡単である。つまり、質によって量の起源を理解することができるのである。群集が自然に形成されるには、その成員たちの願望、観念、生活様式が一致することが暗に前提とされるのは当然であり、自明の理でさえある。これは、すべての社会集団に生ずることであり、みずからよりすぐったグループと称する場合にも同様だ、といえるかもしれない。そのとおりである。しかし、そこには、本質的な差がある。

群集や大衆でないことを特徴とする集団では、その成員たちのじっさいの一致点は、なんらかの願望、考え方、あるいは理想に存するのであって、それだけでも多数の人間を排除する。どんな集団であれ、少数派をつくるためには、めいめいが、特殊な理由、ほぼ個人的な理由によって、群集からみずからを区別することが必要である。したがって、あいたずさえて少数派をつくる他の人々との一致は、めいめいが単独者の態度をとったあとの二次的な問題である。だから、だいたいにおいて、それは一致しないという点での一致である。

集団の独行的特色がきわめて明らかな場合がある。たとえば、みずからを《非国教派》と呼ぶイギリス人の集団がそれで、これは、数かぎりない多数者と信仰を異にするという点でだけ一致する人々の集合である。少数の人間が、まさに多数の人々から分離するための目的で団結するという要素は、あらゆる少数派が形成されるとき、つねにはいりこんでくる。ある洗練された音楽の演奏を聴く小さな集まりについて、マラルメはいみじくも次のように語った。聴衆はその数少ない存在によって、多数者の不在を強調していた、と。

つきつめていえば、一つの心理的実体としてなら、大衆を定義するのに、なにも人々が群れをなして出現するのを待つ必要はない。目のまえにいるただひとりの人間についても、かれが大衆であるか否かを知ることができる。大衆とは、みずからを、特別な理由によって——よいとも悪いとも——評価しようとせず、自分が《みんなと同じ》だと感ずることに、いっこうに苦痛を覚えず、他人と自分が同一であると感じてかえっていい気持になる、そのような人々全部である。

ある謙虚な男が、特殊な理由によって自分を評価しようとしたとき——あることに才能をもっているかどうか、なんらかの面で秀でているかどうかをみずから問うたとき——、なんら卓抜な能力を所有していないと知ったとしてみよう。この男は、自分が平凡でつまらぬ者だ、才能がないのだと感ずるかもしれない。しかし、《大衆》のひとりだとは感じないだろう。

《選ばれた少数派》を話題にするとき、この表現の本来の意味をまげてしまう悪ふざけがよく見られるのであって、選ばれた人とは、他人よりもすぐれていると思いこんでいる気どり屋ではなく、たとえ自分に課した高度の要求を果たせなくとも、他人よりも自分にきびしい要求を課す人であるという事実に目をつぶってしまうのである。ところで、人間についての、もっとも根本的な分類は、次のように二種の人間に分けることである。一つは、自分に多くを要求し、自分の上に困難と義務を背負いこむ人であり、他は、自分になんら特別な要求をしない人である。後者にとって、生きるとは、いかなる瞬間も、あるがままの存在を続けることであって、自身を完成しようという努力をしない。いわば波に漂う浮草である。

このことは、正統仏教が二つの相異なる宗派からなっていることを想起させる。一つは、厳格で困難であり、他は、ゆるく通俗である。マハーヤーナ――《すぐれた乗物》すなわち《大乗》と、ヒーナヤーナ――《劣った乗物》すなわち《小乗》がこれである。われわれが生をどちらの乗物にゆだねるか、最大のきびしさか最小のきびしさのどちらを選ぶかは、決定的な問題である。

したがって、社会を大衆とすぐれた少数派に分けるのは、社会階級の区分ではなく、人間の区分であって、上層、下層の階層序列とは一致するはずがない。もちろん、上層階級がじっさいに上層であるとき、またそのかぎりにおいて、この階級のなかに《大乗》を採用する人々を見いだす可能性は大きく、それにたいして、下層階級は資質の劣った人々によって構成されているのが普通である。しかし、つきつめていえば、どちらの社会階級のなかにも、本来の大衆と本来の少数派がある。のちに見るように、すぐれた伝統をもつ集団においてすら、大衆、俗衆が支配的であることが、現代の特色である。

たとえば、知的生活は、その本質からして資格を要求し、これを前提とするものであるが、ここでも、資格のない、資質を定めえない、またかれら自身の精神構造からして資質の低い疑似知識人たちが、しだいに勝利をおさめつつあることに気づく。いまに残っている男女の《貴族》の集団についても同様である。一方、労働者は、われわれが《大衆》と呼ぶもののなかでもっとも典型的な例と考えられたものだが、この人々のなかに、磨かれた高貴な魂をもつ者を見いだすのは、まれではない。

さて、社会にはきわめて多様な作用、活動、機能が存在している。それらは、本来の性質からして特別であり、したがって、同様に特別な天賦の才なしには、これらをうまく運営することはできない。たとえば、芸術的な、また贅沢な特性をもつある種の楽しみ、あるいは政府の機能、公的問題に関する政治的判断などがそれである。以前には、これらの特別な活動は、資質に恵まれた——少なくともそううぬぼれている——少数の人々によって行なわれたものだ。大衆は、そういうことにあえて割りこもうなどという大それた気を起こさなかった。もし割りこみたいと思えば、それにふさわしい特別の資質を身につけ、そうすることによって大衆であることをやめなければなるまいと悟っていた。健全な社会の力学的関係のなかでの自分の役割をわきまえていた。

さて、本書の冒頭に述べた事実にもどると、それらは、大衆のなかでの態度の変化の前触れであると見られるだろう。すべての事実は、大衆が社会の最前列に進みでて、以前には少数者だけのものであった楽しみの場所を占拠し、その用具を使い、かれらの楽しみを享受する決意をかためたことを示している。たとえば、それらの場所がもともと群集のためを思ってつくられたものでないのは明らかである。というのは、それらの場所はごく狭く、群集がいつもそこに氾濫《はんらん》しているからである。そしてこれらのことは、われわれの目に、きわめて明瞭《めいりよう》に、新しい事実を証してみせるのである。つまり、大衆が大衆であることをやめぬまま、少数派にとって代わりつつある。

人々は、今日では願望とそれを充足する手段とをもっているのだから、まえよりも多くの人がむかしよりもっとたっぷりと楽しむようになったからといって、慨嘆する人があるとは私は思わない。まずいことには、もともと少数派のものである活動に加わろうという大衆のこの決意は、楽しみの分野に現われているだけでなく、またそれで終わるはずもなく、まさに時代の一般的特徴となっているということである。

そういうわけで——あとで説明することだが、ひとまずここでふれておこう——、ごく近年の政治的な革新とは、大衆が政治的支配権をもつようになったことにほかならないと思う。古い民主主義には、自由主義と法にたいする熱情がたっぷりと盛りこまれていた。これらの原理に服するために、個人はきびしい規律をみずからに課したものだった。自由の原理と法的な規制の庇護《ひご》のもとに、少数派は行動し生活することができた。民主主義と法、つまり民主主義と、法のもとにおける共同生活とは、同義であった。

今日、われわれは超民主主義の勝利を目撃しているところだ。超民主主義のなかで大衆は、物理的強制手段によって自己の野望と趣味とを押しつけながら、法の外で直接に行動している。この新しい状況を、あたかも大衆が政治に倦《う》んで、それを専門家の手にゆだねようとしているかのように解釈するのは誤りである。まったくあべこべである。それは、以前に起こったことである。

自由民主主義がそうであった。大衆は、政治家たち少数派が欠点、弱点をもっているにもかかわらず、とどのつまり、自分たちよりも公《おおやけ》の問題を少し余計に理解していると考えていたのだ。ところがいまでは、大衆は、床山政談に法の力を与え、その法の力を行使する権利があると信じている。歴史のなかで、群集が現代ほど直接に支配するにいたった時代があったとは、考えられない。だからこそ、私は超民主主義というのである。

同じことが他の分野に、とりわけ知的分野に起こっている。あるいは、私はまちがっているかもしれないが、長いこと研究したテーマについて書こうとして筆をとるとき、筆者は、一度もその問題に心をわずらわしたことのない平均的読者のことを念頭に置かねばならない。平均的読者が、もしその本を読むとしたら、それは著者からなにかを学ぶためではなく、それどころか、読者の頭にある凡庸さに著者の意見が一致しないときに、著者を弾劾するためであるということを、考えなくてはならない。かりに大衆を構成する個々人が、自分には特別に才能があると信じているとしても、それは個人的な錯誤の事例にすぎず、社会を攪乱《こうらん》することにはならないだろう。

現時の特徴は、凡庸な精神が、自己の凡庸であることを承知のうえで、大胆にも凡庸なるものの権利を確認し、これをあらゆる場所に押しつけようとする点にある。アメリカ合衆国でいわれるように、他人と違うのは行儀が悪いのである。大衆は、すべての差異、秀抜さ、個人的なもの、資質に恵まれたこと、選ばれた者をすべて圧殺するのである。みんなと違う人、みんなと同じように考えない人は、排除される危険にさらされている。この《みんな》が本当の《みんな》でないことは明らかである。《みんな》とは、本来、大衆と、大衆から離れた特殊な少数派との複雑な統一体であった。いまでは、みんなとは、ただ大衆をさすだけである。

これこそ、外見の粗暴さを隠さずに描いた、われらの時代の恐るべき事実である。

〔1〕一九二一年刊行の拙著『無脊椎《せきつい》のスペイン』España invertebrada、『エル・ソル』El Sol誌に「大衆」Masasと題して発表した論文〔一九二六〕、およびブエノス・アイレスの芸術の友の会で行なった二度の講演〔一九二八〕のなかで、この論文で展開する問題を扱ったことがある。目下の私の意図は、以前に述べた問題をとりあげ完成して、現代のもっとも重要な事実に関する有機的学説を提出することにある。

2　歴史の水準の上昇

これこそ、外見の粗暴さを隠さずに描いた、われらの時代の恐るべき事実である。そのうえこれは、われらの文明の歴史のなかでまったく新しい事実である。文明の発達の全過程を見ても、これに類したことは全然起こったことがない。もしなんらかの類似を見つけるとすれば、われわれの歴史の外に跳びだして、ある世界、つまり、われわれの生の舞台とはまったく別のところにはいりこまねばならないだろう。古代世界にもぐりこんで、その滅亡の時期にたどりつかねばならないだろう。ローマ帝国の歴史もまた、大衆による擾乱《じょうらん》と支配の歴史である。大衆は支配者である少数派を吸収し廃棄して、その人々の占めていた場所を占拠したのである。ここに、密集、充満という現象もまた生じたのである。だからこそ、シュペングラーがたくみに指摘したように、現代と同様に、ローマは巨大な建物をつくらなければならなかった。大衆の時代は巨大なものの時代でもある。[1]

われわれは、大衆の粗暴な支配のもとに生きている。まさにそのとおり。この支配をさして、二度、《粗暴な》と呼んだ。だから、この問題についてはもう十分にお話ししたことにしてもらおう。今度は、切符をもって、この劇場に陽気な気分ではいり、芝居を近くから見てよかろう。それとも読者は、おそらく正確だが、誇張した記載で事終われりと私が考えているとでも思っておられるのか。いままでのは、外見、側面にすぎず、その下には、過去から眺めれば、たいへんな事実が存在するのである。

もし私がここで問題を放棄して、この試論をこのままにしてしまえば、当然のことながら、読者は次のように考えられるであろう。歴史の表面に大衆が浮かびあがってきたというすさまじい事実は、不快な、軽蔑《けいべつ》的な、やや嫌悪と憎しみのともなったことば以外には、私の心になにも呼びおこさなかったのだろうか、と。しかもこの私は、歴史を徹底的に貴族主義的に解釈することで知れわたっているのである。[2] 徹底的というのは、人間社会が貴族的でなければならないなどと私は一度もいったことがなく、それどころかもっとずっと激しいことをいってきたからだ。

私がいってきたし、いまもって毎日確信を強めながら信じていることは、社会は貴族的であるかぎりにおいて社会であり、それが非貴族化されるだけ社会でなくなるといえるほど、人間社会はその本質からして、いやがおうでもつねに貴族的なのだということである。もちろん、私は社会のことをしゃべっているのであって、国家の話をしているのではない。

大衆のすさまじい騒擾《そうじょう》をまえにして、ヴェルサイユ宮殿の殿方のように気どったしかめ面をすることで満足するのが、貴族的であるとは、だれも信ずることができない。ヴェルサイユ——しかめ面をするヴェルサイユの意味である——は貴族的ではない、むしろ逆である。それは壮麗な貴族主義の死であり腐肉である。だからこそ、真に貴族的なもののなかで、あの手合いに残っていたのは、ギロチンを頸《くび》に受けるときの、威厳のある優雅さだけであった。かれらは、腫瘍《しゅよう》がメスを受けるように、それを受けたのである。冗談ではない。貴族社会の深刻な使命を感ずる者は、大衆を目のまえにして、大理石の原石をまえにした彫刻家のように、興奮し血を騒がせるのである。

社会の貴族は、自分たちだけで《社会》という名を一人占めにしたつもりで、みずからを《社交界①と呼び、招待されたりされなかったりして暮らしている、あのきわめて小さなグループとなんの関係もない。世間のあらゆるものが徳と使命をもっているのと同様に、広大な世界のなかでのこの小さな《優雅な世界》も、それなりの徳と使命をもっているが、その使命は、本物の貴族の巨大な仕事と比較すべくもない、はるかに劣等なものである。一見、意味のない、あの優雅な世界がもっている意味について語ってみるのもよいだろうが、われわれの主題はもっと大きな意義をもつ別の事柄である。

もちろん、この《上品な社会》自身も時代とともに動いていく。マドリッドの優雅な社交界の花形で、青春に輝き、モダンで第一級のスターである若いご婦人がいった次のことばに、私は考えこんでしまった。「八百人以下のかたがたしか招待しない舞踏会は我慢できませんの」。このことばを通じて私は、大衆の様式は人生のあらゆる領域で支配的になりつつあり、幸福なる少数者のために残されているように見える最後の片隅にまで、のさばりだしたことを知った。

よって私は、今日の大衆の支配の背後に隠された積極的な意味を看取しない現代論や、身ぶるいもせずに幼稚な態度で大衆の支配を受けいれるような現代論は、同様にことごとく排斥するのである。あらゆる運命は、その広大な広がりにおいて劇的であり悲壮である。現代の危機に手をふれて、その鼓動を感じたことのない者は、運命の内臓に達したことがなく、その病める頬《ほお》をなでたにすぎない。

われわれの運命のなかの恐るべき要因を生みだしているのは、洪水のような、暴力的な大衆の精神的反乱である。その反乱は、すべての運命がそうであるように、威圧的で手がつけられず、また両面性をもっている。われわれはどこに連れていかれるのか。それは絶対的な悪であろうか、それとも善の可能性があるだろうか。われらの時代の上に巨人のようにのしかかった、宇宙的規模の疑問符が見える。それはじっさいに、ギロチンか絞首台のようでもあり、しかしまた同時に、凱旋門《がいせん》の形にもなりそうな、あやしげな形をしている。

われわれが解剖しようとする事実は、次の二つの問題にまとめることができる。第一、以前にはもっぱら少数派のためにとっておかれた人生の目録と、大綱において一致する目録を、今日の大衆はわがものとしている。第二、同時に大衆は、少数派にたいして従順でなくなった。かれらに服従せず、そのあとについていかず、また尊敬せずに、かれらを押しのけ、かれらにとって代わった。

第一の問題を分析してみよう。その問題でいいたかったのは、大衆が、選ばれた人々によって発明され、以前にはその人たちだけが利用していた楽しみを享受し、道具を使っている点である。以前には、少数者の財産であるがゆえに洗練されたものとみなされていた欲望や日用品を、大衆はわがものとしたがっている。些細《ささい》な例を一つ引こう。一八二〇年には、浴室のついた個人住宅がパリ中で十もなかった。これについては、ボアーニュ伯爵夫人の覚書を参照されたい。だが、問題はそれどころではない。今日の大衆は、以前に専門家だけが用いていた技術の多くを、かなり十分に知り、利用している。

かつまた、それは物質的技術だけでなく、もっと重大なもの、すなわち法的・社会的技術をも意味する。十八世紀には、すべての人間は、たんにこの世に生を享けたという事実に基づいて、なんらの特殊な資格なしに、基本的な政治的権利を所有しているのだということを、いくつかの少数派の人々が発見した。これが人権とか市民の権利と呼ばれるものだが、厳密にいえば、すべての人間に共通なこれらの権利だけが、実在する唯一の権利であることも、かれらは指摘した。特殊な能力に由来する他のいっさいの権利は、特権であるとして弾劾された。

最初これは少数者の理論であり観念であったのだが、やがてこれらの少数者のうちすぐれた人たちが、この観念をじっさいに使用し、押しつけ、要求することをはじめた。また十九世紀を通じて、大衆はこれらの権利に関する観念を一つの理想と考えてだんだん熱意を見せるようになったのだが、それにもかかわらず、自分にその権利があると感ずることも、権利を行使することも、その権利にものをいわせることもなかった。そうではなくじっさいには、新しい民主的法律のもとに、ちょうど旧制度のときと同じように生きつづけ、自分自身についてもまえと同じように感じていた。《人民》──当時そのように呼ばれていた──は、自分が主権者であることをすでに知ってはいたが、それを信じられなかった。今日ではその理想が現実となった。それは社会生活の骨格である法制の問題としてばかりではなく、人々がどんな思想をいだいていようと、心のなかの現実となったのである。たとえかれらの思想が反動的であっても、すなわち、それらの権利を裁可する諸制度を粉砕し攻撃する場合でも、心のなかにこの現実は生きているのである。私の判断では、大衆のこの奇妙な精神的状況を理解しない人は、今日、世界に起こりはじめていることを、なに一つ納得できないと思う。資質なき個人、人間であるというただそれだけの個人のもつ主権は、かつての法的観念、法的理想から、平均人の心理に内在するものに変じてしまった。また、次のことにご留意願いたい。かつて理想的だったものが現実の一成分となってしまったとき、それが理想ではなくなることはやむをえない。理想というものの付帯条件であり、かつ人間に影響を与える、特権や威圧的な魔術は消えてなくなるのである。民主主義のおかげで生じた、すべての人を平等化する諸権利は、憧《あこが》れや理想から、無意識の欲求や前提に変じてしまった。

　さて、それらの権利のもつ意味は、もっぱら心の内部に巣喰った奴隷性から人間を救いだして、心のなかである種の威厳と自恃《じじ》の意識を宣言させることにほかならなかった。これこそ、人々が欲していたものではないのか。つまり、平均人が自分と自分の生の主人、所有者、支配者である、と感ずることを欲していたのではないのか。いまやその欲求は満たされた。三十年まえの自由主義者、民主主義者、進歩主義者たちが不平をいう根拠があるだろうか。それとも、かれらは子供のように、あることを欲するが、その結果はほしくないのだろうか。平均人が主人となることが目的なのである。それならば、かれらが自分からすすんで行動し、すべての楽しみにたいする権利を要求し、断固として意志を主張し、あらゆる隷属を拒否し、だれにも服従せず、自分の身と自分の余暇を貴重に思い、身なりに気をつけるとしたって、驚いてはならない。なんとなればこれらは、自恃の念につねにともなう属性だからである。今日われわれは、この属性が平均人のなかに、大衆のなかにすっかり根をおろしつつあるのを見ているのである。

さて、平均人の生は、以前に最高の少数者だけに属していた生の目録によって構成されているわけだ。いまや、平均人は、それぞれの時代に歴史がその上を動いていく領域を代表しているのである。歴史にとってこの領域のもつ意味は、ちょうど地理にたいして海面がもつ意味と比較できる。それならば、もし今日の平均的水準が、以前には貴族だけが達しえたところにあるとすれば、それは、歴史の水準が突然に――地層下での長い準備のあとでではあるが、その出現の仕方は突然である――、一跳びに、一世代で上昇したことを意味するのは明々白々である。人間の生は、全体において上昇したのである。いってみれば、今日の兵士は、たぶんに将校的である。人類の軍隊は、いまでは将校によって構成されている。今日、あらゆる個人が人生を生き、楽しみをつかみ、自己の決定を押しつける、そのエネルギーと決断と気軽さを見れば、それは明らかであろう。

現代とこれに続く将来のすべての善、すべての悪は、この歴史の水準の全般的上昇に、その原因、根源をもっている。

しかし、まえには考察しなかった一つの考えがいま浮かんできた。それは、生の平均的水準がむかしの少数者の水準であるというのは、ヨーロッパでは新しい事実であるかもしれないが、アメリカでは本来の体質的な事実であった、ということである。

私の意図をはっきりと理解するために、法的平等の意識について読者に考えていただきたい。自分が自分の所有者、主人であり、他のいかなる個人とも平等であるというこの心理状態は、ヨーロッパでは卓越した人々のグループがようよう獲得したものであるが、アメリカでは十八世紀以来、つまり事実上、はじめからずっと存在していたのである。

もっとおもしろい偶然の一致点がある！　ヨーロッパで平均人にこの心理状態が現われたとき、そして全体の生活水準が上昇したとき、ヨーロッパ人の生活の仕方や雰囲気は、あらゆる点で、多くの人に「ヨーロッパはアメリカ化しつつある」といわせるような様相を、急に帯びてきたのである。このようにいった人々は、この事実に大きな意味を与えていなかった。問題は、習慣や流行に現われたちょっとした変化であると信じ、外見に眩惑《げんわく》されて、この変化を、なにかしらん、アメリカからヨーロッパにもたらされた影響のせいにしたのである。私の判断では、じっさいにははるかに微妙で驚くべき深刻な問題が、こうしてつまらぬものにされてしまったように思われる。

人づきあいのよい私の気持からすれば、海の向こうの人々に、事実、ヨーロッパはアメリカ化しました、これはアメリカのヨーロッパへの影響によるものです、といいたい誘惑にかられる。しかし、そうではないのだ。真理がいまや社交性と衝突を起こし、これを打ち負かさずにはおかない。ヨーロッパはアメリカ化されたのではない。アメリカの大きな影響を受けたことさえない。

ひょっとすると、これらの現象は現在はじまっているのかもしれないが、現代の母胎となったつい最近の過去には、そんなことは起こらなかった。まさにこの点で、誤った考え方がどうしようもないほど厚く層をなして、われわれおたがい、つまりアメリカ人とヨーロッパ人の目を曇らせているのである。大衆の勝利と、それにともなう生活水準のすばらしい上昇とは、ヨーロッパにおいて、二世紀間にわたる大衆の啓蒙《けいもう》的教育の進歩と、それと並行する社会の経済的繁栄ののちに、内的な原因によって生じたのである。

しかし、その結果は、アメリカの生活のなかでいっそうはっきり現われている特徴と一致しているわけだ。だからこそ、つまり、ヨーロッパの平均人の精神的状態とアメリカ人のそれとが一致しているからこそ、まえには謎《なぞ》であり神秘であったアメリカ人の生活を、ヨーロッパ人がはじめて理解できるようになったのである。

だから、問題は、影響などというものではない。そういっては少しおかしいのであって、逆影響というべきであろう。ところが、問題はそうではなくて、まだ考えられていない現象、つまり平均化なのである。ヨーロッパ人は、生活の平均的水準は旧大陸よりもアメリカのほうが高いと、おぼろげながらいつも感じていた。この事実に関する、分析的ではない、明らかに直観的な把握から、アメリカは未来の国であるという、けっして疑問視されることのない、つねに是認される考え方が生まれた。これほど人の心に食いこんだ、これほど流布した考えが、風に乗ってやってきたのではないということはわかるだろう。それでは、蘭《らん》は根がなくても空気中で育つ、というのと同じことになる。

その考え方の根拠は、海の向こうの平均の生活水準が比較的高いように見えることに基づいている。ところがこの平均的水準と対照的に、アメリカの最良の少数派の生活は、ヨーロッパのそれに比べると低いのである。しかし、歴史は農業のようなもので、高所でなく谷で営まれるのであり、傑出した人々の水準ではなく、社会の平均的水準で営まれるものである。

われわれは、平均化の季節に生きている。財産は平均化され、別々の社会階級のそれぞれの文化は均一化され、男女も均一化されている。それにまた、大陸間の差もなくなっている。ヨーロッパ人の生活はいまよりも低かったのであるから、この均一化によって、もっぱら利益を得たのである。だから、その点から見れば、大衆の擾乱は、生命力と可能性のすばらしい増加を意味するわけだ。ところが、まったくこれとは逆に、われわれは、ヨーロッパの没落について、しじゅう聞かされている。

この言い方は曖昧《あいまい》で粗雑であり、なんのことをいっているのかよくわからない。ヨーロッパ諸国家のことなのか、ヨーロッパ文化のことなのか、それとも、これらの下部にあり、もっとずっと重要なもの、すなわちヨーロッパの生命力についていっているのか不明である。ヨーロッパの国家やヨーロッパ文化については、あとで少しく述べるとして――それらについては、おそらく没落ということばがあてはまるかもしれないが――、生命力の点では、この言い方はまったくの誤謬《ごびゅう》であることをここで明らかにする必要がある。

次のように言い方を変えれば、おそらく私の所説はもっと説得力をもつか、あるいはさらに真実味を増すだろう。三十年まえよりも今日のほうが、平均的イタリア人、平均的スペイン人、平均的ドイツ人は、その生活様式において、一アメリカ人、一アルゼンチン人と違いがなくなった、と私はいうのである。かつこのことは、アメリカ大陸の人々が忘れてはならないデータである。

〔1〕この過程の悲劇性は、このような密集が生じているあいだに、田園では住民の流出がはじまり、帝国の人口の絶対的不足を招来せずにおかなかった点である。

〔2〕『無脊椎のスペイン』〔最初に『エル・ソル』誌に連載したのは一九二一年〕参照。私の書物についてなにかお書きになり、初版発行の日付を正確にするのにときどき困難を感じておられる外国のかたがたに、このさい、次のことをはっきりいっておきたい。私のほとんど全部の作品は、はじめ新聞の紙面を借りて発表され、その多くは、本になって出るのには長い年月を要したのである。

（1）スペイン語では、《社会》は ***sociedad*** で、《社交界》は ***la sociedad*** である。

3　時代の高さ

ところで大衆の支配は、歴史的水準の全般的な上昇を意味するかぎりにおいて、有利な側面をもっているし、また、今日の平均の生活が昨日よりも高いところを動いていることを示している。このことは、生には相異なる高さがありうること、また、時代の高さについて人々が語るときに普通無意味に繰り返されるこの語句にも、じつは深い意味があるのだということを、われわれにはっきりと教えてくれる。というのは、この問題はわれらの時代のもっとも驚くべき特徴の一つを明らかにする鍵《かぎ》を提供してくれるのだから、しばらく考えてみる必要がある。

たとえば、これこれしかじかの事柄は時代の高さにふさわしくないという。じっさい、歴史編年の抽象的な時代にはまったく高低がなくいつも平らであるが、生の時代、つまり各世代が《われらの時代》と呼ぶものは、ある高さをもち、今日は昨日よりも高くなり、あるいは同じ高さをたもち、あるいは低くなる。没落という語に含まれている、落ちるというイメージは、この直観から生ずる。同様に、各人は、明瞭さの違いこそあれ、自分自身の生が、かれの生きている時代の高さとどのように関係しているかを感じとる。

現代の生活諸様式のなかで、まるで自分が、水面に浮かびあがることのできない難破船の遭難者であるかのように感じている人がある。今日、事物の変化するテンポの速さ、すべてのものの進行の激しさとエネルギーとは、むかしふうの人を不安にさせる。この不安が、その人の脈搏《みゃくはく》の速さと時代の高さとの差異を計る尺度である。一方、現代の生の諸様式を喜んで精いっぱいに生きる人は、われらの時代の高さと、過去の時代の高さとの関係について意識している。この関係とはなんであろうか。

ある時代の人間が、たんに過ぎさった時代だからというので、過去がつねに、かれの時代よりも低い水準にあると感ずる、と想定するのは誤りであろう。ホルヘ・マンリーケには、

過ぎしむかしは
すべていまにまされり①

と感じられたことを想起すれば納得できるだろう。

しかし、これも真実でない。すべての時代が過去のある時代よりも自分が劣っていると感じたわけではないし、すべての時代が記憶に残るあらゆる過去の時代よりもすぐれていると感ずるわけでもない。歴史上の各時代は、生の高さというあの不思議な現象をまえにして、さまざまの感じを記している。だから、思想家や歴史家がこれほど明白で実体的な事実に心を配ったことがないのが、私には不思議なのである。

たしかにホルヘ・マンリーケが表現した印象は、少なくとも大雑把にいって、もっとも一般的

であった。大部分の時代にとって、その時代がむかしの時代よりも秀でているとは見えなかった。それどころか、人々が茫漠《ぼうばく》たる過去に、よりよい時代、もっと充実した生活があったと想像するのがいちばん普通であった。ギリシアやローマに教えを受けた者がその時代を《黄金時代》と呼び、オーストラリアの野蛮人がアルチェリンガ②をたたえるのは、その例である。このことは、これらの人々が、自分の生の搏動《はくどう》が十全さを欠いており、老廃し、血管に十分に血をたぎらせることができないと感じたことを示している。そういう理由から、過去の《古典》時代を尊んだのである。

古典時代の生は、自分の時代よりもなにかもっと奥行きがあり豊かで、もっと完全できびしいもののように見えた。背後をふりかえって、もっと価値のあるそれらの世紀を想像すると、それを凌駕《りょうが》していないどころか、それよりも下にあるように思われた。ちょうど、温度に意識があれば、温度が、自分のなかにより高い温度を含んでいない、むしろ高い温度のなかには自分より以上のカロリーがあると感ずるようなものである。生が収縮し、小さくなり、老衰し、脈搏が遅くなるというこの印象が、紀元一五〇年以来、ローマ帝国のなかでしだいに強まっている。それ以前にホラティウスが歌っているごとくだ。

われらの祖父よりも劣ったわれらの父が　さらに劣等なわれわれを生んだ　われわれはもっと無能な子孫を生むことだろう

〔『頌歌《しょうか》』第二書第六節〕

二百年後になると、全帝国のなかには、百人隊長の役にふさわしい勇敢なイタリア人が不足していたので、この任務につけるために、ダルマティア人を、のちにはダニューヴ、ライン地方の野蛮人《バルバロス》を連れてこなければならなかった。そのうちに、女たちは不妊になり、イタリアの人口が減ってしまった。

さて今度は、以上とはおよそ対立的に見える時代、すなわち生が充実しているという印象を享受している時代のほうを調べてみよう。これは非常におもしろい現象であるから、ぜひともはっきりさせる必要がある。ほんの三十年もまえには、群集のまえで政治家が演説をするとき、政府のいろいろなやり口や、逸脱した行為を、進歩した現代にふさわしくないことだといって攻撃したものだった。

密告をもとにしてキリスト者を迫害すべきでないと、トラヤヌスがプリニウスに書き送った書簡に、これと同じ表現が使われているのを考えてみるとおもしろい。「それはわれらの時代のものではない③」。だから歴史のなかには、みずからの時代を十分な決定的な高さに達したものとみなした時代、旅路の終わりに達し、こうしてむかしからの願いが満たされ希望を成就したと考えた時代が、いくつかあったわけだ。それは《時代の充実》であり、歴史的生命の成熟である。

事実、三十年まえには、ヨーロッパ人は、人間の生が、当然そうあるべき高さまで達したのだ、長年にわたってそうあってほしいと待ち望み、また永遠にそうあるべき高さに達したのだ、と考えていた。充実した時代はつねに、多くの準備時代、つまり、自分よりも劣った、それまでの充実していなかった時代のあとに現われたものであり、それらの過去の時代の上にいまや完全に開花した自分の時代があるのだ、と感ずるものだ。

その時代の高みから見れば、いままでの準備期には、満たされぬ願望と幻想をいだきながら、人々は生きていたかのように見える。その準備期は、満たされぬ願いの時代、熱にうかされた先覚者の時代、《まだまだ》の時代、希望ははっきりしていながら、これと一致しない現実とのあいだにいたましい対照がある時代のように見える。

中世にたいする十九世紀の見方はこのようなものであった。とうとうある日、長い期間の、ときには千年にも及ぶ願いが成就したように見える。現実がこの願いを受けいれ、これに服従する。われわれは、かつて垣間見《かいまみ》た高所に、予想していた目的に、時代の頂上に達したのだ！　《まだまだ》に《とうとう》という感じがとって代わる。

これが、われわれの父とその世紀が、みずからの生に関していだいていた感情であった。われわれの時代は充実した時代の次に来た時代である、ということを忘れてはならない。だから、対岸に生きている人、つまり、あの直前の充実していた時代にかまけて、なにもかも過去の眼鏡《めがね》で見ようとする人が、逃げ水にまどわされる人のように否応《いやおう》なく、現代は充実から落ちた時代であり、没落の時代であると感ずるのは、いたしかたないであろう。

しかしながら、つねに歴史を愛好する者、時代の脈搏をかたくなにとりつづける者は、この幻想上の歴史の充実について、この光学的現象で錯覚を起こしてしまうわけがない。

まえにいったように、《時代の充実》が存在するための本質的条件は、何世紀ものあいだ熱望し待ちこがれつつもちつづけてきた古い願望が、とうとうある日満たされる点にある。そして、じっさいに、充実した時代は自己満足の時代であり、じっさいときには、十九世紀のように、大満足の時代である。[1]

しかし、いまやわれわれは、このように満足し、成就した時代は内部の死んだ時代であることに気づいている。本当の生の充実は、満足や成就や到達にあるのではない。かつてセルバンテスは、《道中は宿屋よりいつもよい》といった。

願望と理想を満足させた時代とは、それ以上なにも望まないし、願望の泉が涸《か》れてしまったことを意味する。いうなれば、あの結構な充実とは現実的に一つの結末なのである。その願望を若がえらせることを知らないために、ちょうど幸福な雄蜂《おばち》が婚姻の飛翔《ひしょう》のあとで死ぬように、満足して死んでしまった世紀がいくつかある。[2]こういうわけで、いわゆる充実した時代は、その意識の底に、きわめて特殊な悲哀を感ずるという驚くべき事実があることになる。

あれほど長いことといだきつづけて、ついに十九世紀に実現したと見えた願望は、要約して、《近代文化》と名づけられたものである。ある時代が、みずから近代と名乗るなどとは、名前からしておだやかでない。いってみれば、それは最後で、決定的だということであり、それに比べれば、それ以外の時代はすべて、完全に過去であり、近代文化を目ざすつつましい準備と願いの時代ということである。なんと的はずれの、勢いの弱い矢であろうか(3)。

この点にすでに、われらの時代と、いまやっと過去となり向こうに行ってしまったあの時代とのあいだの、本質的な差が感得されないだろうか。じっさい、われらの時代は、いまが最終的だなどと思っていない。それどころか、最終的で、安全な、永遠に結晶した時代などはないのだという直観、そうではなくて、ある生のあり方(4)――いわゆる《近代文化》――が最終的であるという主張は、信じがたいほど視野を曇らせ狭くしているのだという直観が、おぼろげながら現代の根源にある。

そして、こう感ずるとき、われわれは、狭苦しい密室から逃れたのだという感覚、すべてが、つまり、どんなよいことも悪いことも起こりうる世界に、本物の、深遠な、恐るべき、予測できぬ、無尽蔵の世界の星の下にふたたび出てきたのだ、という甘美な感覚をいだくのである。

近代文化にたいする信仰は陰気なものだった。それは、本質において、明日も今日と同じであろうということ、進歩とは、すでにわれわれの踏んでいるのと同じ道をただ永久に前進することだということを意味していた。このような道とは、むしろ、われわれを解放してくれないはてしない牢獄《ろうごく》である。

ローマ帝国の初期に、教養のある地方出身者のだれか——たとえば、ルカヌスとかセネカのような——が、都にたどりついて、永久的な権力の象徴である堂々たる帝国の建物を見たとき、心臓が縮みあがるように感じた。世界には今後なにも新しいことは起こらないであろう。ローマは永遠である。そして、廃墟《はいきょ》と化した建物から、ちょうどよどんだ水から瘴気《しょうき》があがるように立ちのぼる憂鬱《ゆううつ》の気があるものだが、これらの感受性の鋭い地方人は、ローマを見てそれに劣らぬ重苦しい憂鬱を感じたのである。崩れた建物から感じられる憂鬱とは逆符号ではあるが、かれらは建物の永遠性に憂鬱を感じたのである。

このような感動のあり方に比べると、われらの時代の感情は、学校を抜けだした子供たちの楽しげな大騒ぎに似ていることは明らかでないだろうか。いまでは、明日の世界になにが起こるかわからない。そして、そのことがわれわれをひそかに喜ばせるのである。というのは、予知できないこと、地平線はつねにあらゆる可能性にたいして開いていること、そのことこそ本物の生であり、まことの生の充実であるからだ。

この判断には、たしかに半分欠けているところがあるのだが、現代の多くの作家の書いたもののなかですすり泣いている没落の嘆きと、この判断とは、対照的である。問題は、ここにたくさんの原因から生じた一つの視覚上の過ちがあることである。また別の機会にそれらの原因を調べるとして、いまはもっとも明らかな原因をとりだして述べてみたい。

それは、私にいわせれば、すでに古くさくなったイデオロギーの信奉者が、歴史について、その政治的または文化的面ばかりに注目するので、これらが歴史のうわっつらにすぎないことに気づかないことである。歴史的現実とは、これらより以前に、またこれらより深く、生への純粋な希求であり、宇宙的エネルギーにも似たエネルギーである。ただし、似ているけれども、それは同じでない。すなわち、自然の力ではない。しかし、海に波を立て、獣をはらませ、木に花を咲かせ、星をまたたかせるエネルギーの兄弟である。

没落という判断にたいして、私は次のような考察をおすすめする。

当然のことながら、没落とは比較的な概念である。高い状態から低い状態に向かって没落する。さて、この比較は、想像しうるかぎりのさまざまな角度から試みることができる。琥珀《こはく》の吸口のついたシガレット・ホルダーの職人にとっては、いまはほとんど琥珀の吸口でタバコを吸わないから、現代は没落しているのである。これよりもましな他のさまざまの見方も、厳密にいえば、勝手で一方的であって、いまその価値を評価しようとしている生そのものにとっては縁遠い。是認できる自然な見方は一つしかない。その生のなかに身を置いて、それを内部から眺め、生がみずから没落したと、いいかえれば、減少し弱体となり無味乾燥になったと感じているかどうかを調べることである。

しかし、生それ自身の内部から見たとして、没落したと感じているかいないかが、どうしてわかるだろうか。私にいわせれば、次の決定的な兆候についてはなんら疑いをさしはさむ余地がない。すなわち、いかなる過去の、いかなる生をも好まぬ、したがって、自分のほうがよいと考える生は、本当の意味で、没落しているということはできないのである。時代の高さに関する問題をめぐる私の思索は、すべてこの一点に帰する。われわれの時代は、まさにこの点で奇妙きてれつな感情を味わっているわけである。この感情は、私の知っているかぎり、既知の歴史のなかで唯一のものだ。

前世紀の社交界のサロンでは、貴婦人と彼女らに飼いならされた詩人が、たがいに次のような質問をしあうのがならいであった。あなたはどんな時代に生きたらよかったと思いますか。そこでみんなは自分の生の姿をひっかついで、それをはめこむのに好ましい時代をさがすべく、歴史の街道を、頭のなかでさまよってみるのであった。そして、自分が充実した生のなかにあると感じながらも、あるいはそう感ずることによって、あの十九世紀は、じっさいは過去と結ばれていたのであり、過去の肩に乗っていると信じていたし、事実、自分は過去から登りつめた頂点にあると見ていた。だからこそ、現代のもろもろの価値が準備された比較的に古典的な時代——ペリクレスの時代やルネサンス——を、いまだに信じていたのである。このことは、充実の時代をわれわれに想像させるのに十分であろう。充実の時代には、自分の時代にいたって頂上に達した過去を、頭をめぐらして眺めるのである。

では、だれでもよいから、今日の代表的人物に右と似た質問をしたら、どんなことをまじめに答えるだろうか。すべての過去は、例外なく、息もできないほど狭苦しい片隅のような印象を与えるであろう。きっとそう感ずるにちがいない、と私は信ずる。現代の人間は、自分の生は、すべての過去の生よりも豊富である、ひっくりかえしていえば、過去全体をあわせても、現時の人類にとっては小さい、と感じているのである。今日のわれらの生についてのこの直観は、その根本的な明晰《めいせき》さによって、没落に関するいっさいの不用意な思惟《しい》をぶちこわしてしまうのである。

われらの生は、さしあたり、従来のすべての生よりも大きな容量をもつ、とわれわれは感じている。では、なぜみずからを没落したなどと感じられるのだろう？　まったく逆なのである。みずからをいっそう充実した生だと感ずることによって、過去にたいするすべての尊敬の念を失ってしまったというのが実情である。だからこそ、ここにはじめて、すべての古典を無視する時代、過去のなかに手本や規範の存在する可能性を認めない時代、たゆまぬ進化を遂げた幾世紀のあとに出現しながら、しかも、初期、あけぼの、はじまり、幼児期にあるように見える時代に、われわれは面と向かっているのである。われわれはうしろをふりかえる。高名なルネサンスも、われわれには、じつに狭苦しい、田舎《いなか》びた、むなしい身振りをする安ぴかの――どうしてこういって悪かろう――時代に見える。

かつて私は、この状況を次のような形にまとめてみた。「過去と現代とのこの深刻な離反は、われらの時代の普遍的事実である。この離反のなかに、かなり漠然とした疑惑が含まれており、これが近年における生の特有な混乱を生むのである。われわれ現代の人間は、突然、地上にただひとり残されたと、つまり、死者たちは死んだふりをしているのではなく、完全に死んでいるのだ、もうわれわれを助けてはくれない、と感ずる。伝統的な精神は蒸発してしまった。手本とか規範とか規準はわれわれの役にたたない。過去の積極的な協同なしに、われわれは自分の問題——芸術であれ、科学であれ、政治であれ——を、まさに現代の時点で解決しなければならない。すぐ隣に生きている死者もなく、ヨーロッパ人は孤独である。ちょうど、ペーター・シュレーミルが影をなくしてしまったように。これは、真昼がやってくるといつも起こることである」[4]

とどのつまり、われらの時代の高さはどうなのだろう。

それは、充実の時代ではない。しかし、それにもかかわらず、過去のすべての時代より上にあり、知られているすべての充実よりも上にあると感じている。われらの時代が自身で感じている印象を定式化するのは容易でないが、現代は、他の時代よりも豊饒《ほうじょう》であると信じていると同時に、一つのはじまりであると感じている。そのくせ、自分がいまにも死にそうであることを否定する自信もない。

その印象を示すには、どんな表現を選べばよいだろうか。次のようにいうのはどうだろう。現代は他の時代より上であるが、自分自身より下だ、と。きわめて強力でありながら、同時に自己の運命に不安をいだく。みずからの力に誇りをもちながら、その力におびえている。

〔1〕ハドリアヌス帝（在位一一七～一三八）時代の貨幣には次のような句が書かれている。「至福なるイタリア、黄金の世紀、確立された土地。祝福された時代」〔*Italia Felix, Saeculum aureum, Tellus stabilita. Temporum felicitas.*〕。コーエン（一八〇八～八〇。フランスの古銭学者）の貨幣に関する大著のほかに、ロストフツェフ（一八七〇～一九五二。ロシア生まれのアメリカの歴史家）の著書に採録されている貨幣のいくつかを参照されたい。（ロストフツェフの）『ローマ帝国の社会・経済史』The social and economic history of the Roman Empire, 1926 のなかの第五二図と五八八ページ注六。

〔2〕満足した時代については、ヘーゲルの『歴史哲学』のすぐれた論述をかならず読まれること。スペイン語の訳は『レビスタ・デ・オクシデンテ』Revista de Occidente 第一巻、四一ページ以下。

〔3〕最近の時代は、《近代的》《近代性》という名をみずから冠したが、この本来の意味は、私がいま分析している《時代の高さ》という感覚をきわめて鋭く表現している。《近代的》とは様式 *modo* に従っていることで、過去に用いられた伝統的な古い様式にたいして、この時代にできあがった新しい様式、改良、流行を意味する。したがって、《近代的》という語は、むかしの生よりもすぐれた新しい生の意識を表現し、それと同時に、その時代の高さにあれ、という命令をも表わす。《近代人》にとって、近代的でないことは、歴史の水準以下に下がるのと同様である。

〔4〕『芸術の非人間化』La deshumanización del arte.

（1）スペインの詩人マンリーケ（一四四〇ころ～七九）の著名な詩『父の死を悼む』（一四七六）からの引用。

（2）オーストラリアの原住民が祖先の霊魂が住むと考えた世界。
（3）*Nec nostri soeculi est.*
（4）底本に用いた全集本では ***tiempo***（時間）であるが、エスパサ・カルペ社のアウストラル叢書では ***tipo***（型、あり方）となっており、このほうがぴったりしていると思われるので、「あり方」とした。
（5）**Lucanus.** 三九〜六五。ローマの叙事詩人。セネカとともに、スペインのコルドバ生まれであった。

4　生の増大

大衆の支配と、それが告知している生の水準の上昇と時代の高さとは、もっと包括的で普遍的な一つの事実の示す兆候にすぎない。その事実は、あまりの単純さのために、異様であり信じがたいほどだ。それは、たんに、世界が突然大きくなり、世界とともに、そして世界のなかで生もまた大きくなったということだ。いってみれば、生は、現実に、世界化したのである。

私がいいたいのは、平均的な人間における生は今日、地球全体を包括しているのであり、ひとりひとりの個人は毎日、全世界を生きているのだ、ということである。ほんの一年まえのことだが、セヴィリアの人々は、北極にいる二、三の男たちに起こっている出来事を、新聞でたえず追いかけていた。つまり、アンダルシアの灼熱《しゃくねつ》の平原に、氷塊が漂っていたのである。いかなる土地も、もはや地理的な狭い場所のなかに隔離されることなく、地球の他の地点に作用し、人間の生にさまざまに作用している。物体はそれが作用しているところに存在する、という物理学の原理に従えば、今日、地球上のいかなる地点も、いままでになかった実質的な遍在性があるということになろう。この遠くのものが身近にあること、不在物の存在が、ひとりひとりの生の規模を驚くほど広げたのである。

そしてまた、世界は時間的にも増大した。先史学や考古学は、幻想的な広がりをもつ歴史的な領域を発見した。ちょっとまえには名前すら知られていなかった帝国や文明が、新しい大陸のように、われわれの記憶に連結された。絵入り新聞や映画が、世界の遠い過去の断片を俗人たちの直接の視界にもたらすようになった。

世界のこの空間・時間的な増大は、それ自体なんの意味もないことだともいえよう。物理的な空間と時間は、この宇宙で絶対的にばかげたものである。だから、われわれの同時代人のおぼれている、はかない速度崇拝それ自体には、普通信じられているよりも正当な理由がある。空間と時間からつくられる速度は、その成分である時間と空間に劣らずばかげているけれども、それらを抹殺《まっさつ》するのには役だつ。ある愚劣さは別の愚劣さで圧倒するほかない。

完全に意味がない宇宙の空間と時間を征服することは、人間にとって名誉の問題であった。[1] だから、空間を抹殺し時間を絞殺する空虚な速度をもてあそぶのに子供っぽい喜びを覚えるからといって、驚くにあたらない。時空を抹消することによって、われわれは時空に生を与え、生に利益をもたらすことを可能にし、以前よりも多くの場所にいることができ、より以上の往来を享楽し、少ない生の時間でより多くの宇宙的時間を消費することができるのである。

しかし、世界が実質的に増大することとは、けっして時空が大きくなることではなく、より多くの事物を含むことである。一つ一つの事物——このことばをもっとも広い意味にとっていただきたい——は、願望し、意図し、つくり、こわし、遭遇し、享楽し、あるいは排斥することのできるなにかである。つまり、事物は、生の活動を意味するいっさいの観念に対応する。

われわれの行動のなんでもよい、一例をとってみよう。たとえば、買う、ということ。ふたりの人間がいて、ひとりは現在に、もうひとりは十八世紀に生きているとしよう。そして、両時代における貨幣の価値と比較して、同等の財産をもっていると仮定し、それぞれが買える品物のリストを比較してごらんなさい。その差は、ほとんど信じがたいほどである。今日の買手のまえに開かれる可能性の量は、実際上、無限になっている。市場に存在しない品物を欲したり、想像したりするのは容易でないし、その逆も真である。つまり、ひとりの人間が売り物のすべてを想像したり、欲したりすることも不可能である。

相対的に同等の財産をもっているとしても、今日の人間は十八世紀の人間よりたくさんのもののを買えるわけではない、という人もあるだろう。しかし、それは嘘《うそ》である。工業のおかげでほとんどすべての製品が安くなったので、今日ではずっとたくさんのものを買える。しかし、十八世紀の人間よりもたくさんのものが買えるわけではないという意見が正しいとしても、結局、私の見解には影響を与えない。むしろ、私のいおうとしていることを強調することになるのである。

買うという行為は、一つの対象を決定することで完結してしまう。しかし、それだからこそ、買うという行為はあらかじめ選択することであり、その選択は、市場が提供する種々の可能性に気づくことではじまる。このことから、《買う》という面でいえば、生は、まず第一に、購買の可能性を、可能性として生きることに存する、ということになる。われわれの生を話題にするとき、私にはもっとも本質的に見える次の点が忘れられるのがつねである。われわれの生は、いかなる瞬間にも、またなによりもまず、われわれにとってなにが可能であるかについての意識である。

もし各瞬間に、われわれのまえにただ一つの可能性しかなければ、それを可能性と呼ぶ意味はなくなるだろう。むしろそれは、純然たる必然性であろう。だが、問題はそこにある。われわれの生のこのきわめて不思議な事実には、そもそも生が自分のまえにいくつもの出口をもつという根本的条件がある。その出口は、いくつもあるからこそ、多くの可能性のなかから、どれかに決定しなければならない、という性格をおびるわけだ。[2]

われわれが生きているというのは、われわれが種々の特定の可能性の環境のなかにいる、というのと同様である。この環境を、《状況》と呼ぶのが普通である。生はすべて、《状況》つまり世界の内部に自己を見いだすということである。[3]というのは、これが《世界》という概念の本来の意味だからである。世界は、われわれの生の可能性の総計である。したがって、世界はわれわれの生と離れた迂遠《うえん》のものではなく、生を現実にとりまくものである。

世界はわれわれがそうなりうるものであり、それゆえに、われわれの生の潜在力である。この潜在力が実現されるためには、一つの具体的な形をとらなければならない。別のことばでいえば、われわれは、なりうる可能性のあるもののほんの一部分にしかならないのである。だからこそ、世界はわれわれにとってあんなに巨大に見え、そのなかにあるわれわれはこんなに微小に見えるのである。世界もわれわれの可能な生も、つねに、われわれの運命やじっさいの生よりも大きい。

しかし、目下、私にとって関心があるのは、人間の生が潜在力の面でどれほど増大したかという点である。それは、いまだかつてないほど、途方もなく大きな可能性の枠を与えられている。知性の面では、より多くの可能な考え方、より多くの問題、より多くの資料、より多くの科学、より多くの観点を見いだす。原始生活では仕事や職業がほとんど五指で数えられる——牧人、猟師、戦士、呪術師《じゅじゅつし》——のにたいし、今日、可能な仕事の種別は極度に多い。楽しみでも同じことが起こっている。もっとも、その内容は、じっさいには、生のその他の面におけるほど豊かではない――この現象は、想像されているより重要である。それにもかかわらず、都会に住む――都会は現代生活の代表である――中層階級の人間にとって、楽しみの可能性は、一世紀のあいだにとてつもなく増大した。

　しかし、生の力の増大は、いままでに述べたことにとどまらない。もっと直接的で神秘的な意味でも増大したのである。スポーツにおいては、身を鍛えることによって過去におけるすべての成績をはるかに上まわる成績があがっているという事実は、たえず報告されているし、だれでも知っている。その一つ一つに感心したり、達成された記録に注目するだけでは不十分であって、その頻繁さがわれわれの気持に与える印象に注目しなければならない。あまりの頻繁さにわれわれは、われらの時代の人間はいままでのいつの時代よりもまさった体力をもつ、と確信してしまうのである。

　なぜならば、それと似たことが科学にもあるからである。ほんの十年のあいだに、科学は信じがたいほどみずからの世界を拡大した。アインシュタインの物理学は、あまりに広大な空間で展開されているので、ニュートンの古い物理学は、そのなかで、わずかに屋根裏部屋ほどの場所を占めているにすぎないといえるほどだ[4]。そして、この広大な空間へと外に向かう増大は、極微な部分での科学の精密度という内に向かう増大のおかげである。アインシュタインの物理学は、むかしは無視され重要性がないと思われたので計算にはいらなかった極小の差異に注意を向けることからできあがっている。結局、昨日の世界では最小単位であった原子が、今日では一つの太陽系となるほどにまでふくれあがるにいたった。だが、私は、以上述べてきたすべてのことが文化を完成させるうえで重要な意義をもっていることを強調したいのではなく――それは、いまのところ私には興味がない――、これらすべてが意味する主観的な力の増大のことをいっているのである。アインシュタインの物理学がニュートンの物理学より精確だというのではなく、アインシュタインという人間のほうがニュートンという人間よりもまさった精神の精確さと自由⑸をもっているということである。それはちょうど、今日の拳闘《けんとう》の選手が、かつてないほど大きな破壊力のあるパンチ力をもっているのと同じである。

映画や絵入り雑誌が、地球のもっとも遠く離れた土地を平均人の目のまえにもってくるのと同様に、新聞や会話が、ショーウィンドーに飾ってある新発明の精巧な器具が立証しているような、知的な業績のニュースを平均人に知らせるのである。これらすべては、かれの頭のなかに、われわれはすばらしい力をもっているという印象を植えつけるのである。

以上のことから、人間の生が、今日、他の時代よりまさっているなどというつもりはない。私が述べたのは、現代の生の質についてではなく、たんに量の、つまり力の、増大と発展についてである。そうすることによって、私は、現代人の意識、つまり生の特質を、厳密に記述したと信じている。その特色は、現代の人間がかつてない最大の力量をもっていると感じ、過去全体が矮《わい》小《しょう》であるとみなす点にある。

以上の記述は、没落について、とりわけ西洋の没落についての、この十年間に蔓延《まんえん》してきた思想に待ったをかけるために必要であった。私が行なった考察を思いおこしていただきたい。私には自分の考察が単純といってよいほど明白に思われる。なにが没落するかを考えないで、没落について語っても意味がない。この悲観的なことばは文化をさしているのだろうか。ヨーロッパ文化の没落という現象があるのだろうか。それとも、むしろ、ヨーロッパ諸国家の組織の没落だけがあるのだろうか。そうだとしてみよう。それでは、それらのことだけを根拠にして、西洋の没落を語ることができるであろうか。とんでもない。なぜならば、これらの没落は、歴史の二義的な要素——つまり、文化と国家——に関する部分的な減少だからである。

絶対的な没落はただ一つしかない。生の減少による没落がそれであり、それはその減少が自覚されるときにだけ存在する。この理由からして、私は、普通見のがされている現象、すなわち、あらゆる時代がみずからの生の高さについてもっている意識ないし感情を考察するのに、時間をかけたのである。

そこで私は、他の世紀よりも充実していると感じた世紀もあるし、逆に、もっと高いところから落ちた、古代の輝かしい黄金時代から下落したとみずからをみなした時代もあることを述べた。そして結局私は、きわめて明瞭な次の事実を強調したのである。すなわち、われらの時代は、すべての過去の時代よりも豊かであるという奇妙なうぬぼれによって、いやそれどころか、過去全体を無視し、古典的、規範的な時代を認めず、自分が、すべての過去の時代よりもすぐれ、過去に還元されない、新しい生であるとみなしていることによって、特徴づけられるのだ。

この考察をしっかりと把握しないで、われわれの時代が理解できるとは思わない。なぜならば、これこそまさに現代の問題だからだ。もし自分が没落していると感ずるならば、他の時代は自分よりもまさっていると思うはずだ。そのことは、過去を尊敬し称賛し、それを形づくった諸原理を敬うことと同一である。

われらの時代がもしそうならば、たとえ実現不能にせよ、明白な確固とした理想をもつはずだろう。しかし、真相はまったく、これと逆である。理想を実現する途方もない能力はおびただしくもっていると思っているのに、いかなる理想を実現すべきかわからない、そういう時代にわれわれは生きているのである。万物を支配しているが、自己の支配者ではない。自分の豊富さのなかで、途方に暮れている。結局、現代の世界は、かつてないほどの資産、知識、技術をもっているのに、かつてなかったほど不幸な時代である。つまり、現代の世界は、ただただ浮かび漂っているのだ。

ここにこそ、現代人の心に巣喰っている、力と不安というあの不思議な二元性がある。ルイ十五世の幼かったころの摂政オルレアン公についていわれたこと、つまり、かれはあらゆる才能をもっている、ただしそれを使う才能がないだけだ、ということは現代人にもあてはまる。十九世紀には、進歩にたいする信仰はしっかりと守られていたが、多くのことがもはや達成不可能のように思われた。今日では、すべてがわれわれにとって可能であるように見えるために、われわれは、最悪のこと、つまり退歩、野蛮、没落も可能であると予感している。(6)

このことはそれ自体、悪い兆候ではないであろう。なぜならば、そういう予感をもって生きることは、すべての生につきもののあの不安感とふたたび接触することを意味するからである。その不安感とは、もしもわれわれが生の奥底まで、いわば鼓動する血なまぐさい小さな内臓まで生きることができれば、その場合、生の各瞬間に含まれるだろう、悲痛であるとともに甘美なあの危惧《きぐ》の念である。

普通われわれは、命短い小さな心臓をば、たえまなく真剣に生かしているところの、あの恐ろしい鼓動に手をふれることを避ける。われわれは安全を確保しようと努力し、われわれの運命の根源的にドラマティックな本質の上に、習慣、風習、決まり文句などの麻酔薬をかけて、それにたいして無感覚になろうと努める。だから、ほとんど三世紀を経ていままたわれわれが、明日なにが起こるかわからないという意識をもっていることに驚くのは、よいことである。

みずからの生存のなかでまじめな態度をとり、生存にたいして完全に責任をもとうとする人はすべて、かれらにたえざる緊張を課する一種の不安感を覚えるだろう。ローマの軍隊では、歩哨《ほしょう》に眠気を避けさせ、緊張しているように、人さし指を唇《くちびる》にあてておくことという規定があった。この姿勢は悪くない。未来のひそかな胎動が聞こえるように、夜の静けさにいっそうの静けさを要求しているかのごとく見える。

充実した時代の安心感——前世紀がそうだった——とは、時代の方向づけを宇宙の力学にあずけてしまい、将来についての関心をも曇らせてしまう視覚上の錯覚である。マルクスの社会主義でも進歩的自由主義でも、かれらの夢みる最良の未来は、天文学に似た必然性をもって否応なく達成されることを前提としている。この観念によって意識を甘やかし、歴史の舵《かじ》をもつ手を放し、警戒をおろそかにし、敏捷《びんしょう》さと能率を失ってしまった。こうして、生はかれらの手のなかから逃げだし、完全に手に負えないものになってしまい、あてどもなく歩きまわっている。

進歩主義者たちは、その寛大な未来主義の仮面に隠れて、未来への配慮を怠っている。進歩主義者たちは、未来には驚きも秘密もなく、重大な事件も革新もないと確信し、また世界は、迂回《うかい》もせず、あともどりもせず、ただまっすぐな道を進むだろうと思いこんで、未来への不安を追いはらい、不変の現在にあぐらをかいているわけだ。今日の世界には、計画も予定も理想もないからといって、驚くにあたらないだろう。それらのものを用意しようと心がけてくれる人は、だれもなかったのだ。つねに大衆の反逆と裏腹の指導的な少数派の脱落は、このようにして起こったのだ。

しかし、もうそろそろ、大衆の反逆に話をもどすときが来た。大衆の勝利がもつ好ましい側面ばかり見てきたから、今度は、もっと危険な向こうの斜面、すなわち危険な側面に降りていく必要がある。

〔1〕まさに人間の生の時間は有限であるがゆえに、まさに人間は死すべきものであるがゆえに、距離と時間に打ち克《か》つことが必要となる。存在が無限である神にとっては、自動車はその意味を失うであろう。

〔2〕最悪の場合、世界がただ一つの出口になったように見えるときも、つねに二つはあるだろう。つまり、その出口と、世界から出ることとである。しかし、ちょうど戸が部屋の一部であるように、世界の出口は世界の一部である。

〔3〕私の最初の書物『ドン・キホーテをめぐる思索』**Meditaciones del Quijote, 1916** の前文にも、このように書いた。『ラス・アトランティダス』**Las Atlantidas** では、地平線 *horizonte* ということばで出てくる。『観察者』**El Espectador** 第七巻のなかの「国家のスポーツ的起源」**El origen deportivo del Estado, 1926** という論文も参照されたい。

〔4〕ニュートンの世界は無限であった。しかし、この無限性は大きさではなくて、空虚な一般化、抽象的でむなしいユートピアであった。アインシュタインの世界は有限であるが、そのすべての部分にわたって充実し、具体的である。だから、さらに豊富であり、じっさいに、大きさにおいてまさっている。

〔5〕精神の自由、すなわち知的能力は、伝統的に分離しえなかった諸概念を分解する能力によって計ら

れる。概念を分解するのが、それらを融合するよりもずっとたいへんであることは、ケーラー（一八八七～一九六七。ドイツの心理学者。主著『類人猿の知能試験』）がチンパンジーの知能の検査で証明している。人間の悟性は、いまほど分解する能力をもったことはない。

〔6〕これが没落の兆候の根本的な原因である。われわれが没落しているのではなく、すべての可能性を認める用意があるので、没落の可能性をも否定しないのである。

5　ある統計的事実

この論文は、われらの時代の、つまり今日のわれわれの生になんとかして診断をくだすことを目標としている。その最初の部分をいままでに述べたが、それは次のように要約できる。可能性の総計としてのわれわれの生は、すばらしく、豊饒で、歴史上知られたすべての生よりもまさっている。しかし、現代の生は大型であるというそのことのために、それは従来の伝統の遺産であるすべての基本、原理、規範、理想をはみだしてしまった。現代の生は、以前のすべての生よりもいっそう（充実した）生であり、だからこそもっと問題をはらんでいる。過去にあわせて方向を決めることはできない。[1] みずからの運命を創造する必要がある。

ともかくいまは、診断を完了する必要がある。生はなによりもまず、われわれがありうるところのもの、つまり可能な生であり、また可能であるというその理由から、いくつかの可能性のなかから現実にわれわれがそうなろうとするものを選びとることである。状況と決定とが、生を構成する二つの根源的要素である。状況――もろもろの可能性――とは、われわれが生きていくうえで与えられ課せられたものである。この与えられたものが、われわれが世界と呼ぶものを構成している。

生はそれ自身の世界を選択するのではなく、生きるとは、そのまま、決定された交換できない世界のなかに、つまりいまのこの世界のなかにあることである。世界はわれわれの生全体を構成する宿命の広がりである。しかし、この宿命は力学的な法則に従うものではない。われわれは、軌跡が絶対的にまえもって決定されている弾丸のように、存在のなかに発射されるのではない。この世界――それはつねにこの世界、現在のこの世界である――に生まれおちたときにわれわれがしょいこむ宿命は、まったく逆である。

宿命は、われわれに一つの軌跡を強いる代わりに、種々の軌跡を与える。そこで、われわれは選択を強いられるのである。われわれの生は、なんと驚くべきものであろうか。生きるとは、われわれが自由を行使することを、つまりこの世界のなかでわれわれがそうなろうとするものを決定することを、宿命的に強《し》いられていると感ずることである。ほんの一瞬間といえども、われわれの決定の行為を休むわけにいかない。絶望して、成りゆきにまかせようとするときでさえ、決定しないという決定をしたわけである。

だから、生において《状況が決定する》というのは嘘である。それとは逆で、状況とは、つねに新しいディレンマであって、それに直面するたびに、われわれは決定を行なわなければならないのである。だがともかく、じっさいに決定するのは、われわれの人格である。

これらはすべて、集団の生にもあてはまる。そこでもまず、可能性の広がりがあって、次に、集団の生存の有効なあり方を選択し決定する決断があるわけだ。この決断は、社会がもっている性格、あるいは、同じことであるが、その社会で支配的な人間の類型から出てくる。われらの時代は、大衆的人間が支配しているから、決定するのはかれらである。そんなことは、民主主義、つまり普通選挙の時代とともにすでにあった、などといわないでほしい。

普通選挙においては、大衆は決定するのではない。その役割は、少数者のいずれかによる決定に賛同することにあった。少数者は《プログラム》――なんとすばらしいことばだろう――を示した。プログラムとは、じっさいに、集団の生のプログラムであった。大衆は、そのプログラムに招待されたが、それは決定された計画を受けいれるためであった。

今日では、まったく違うことが起こっている。大衆の勝利がもっとも目だつ国々――それは地中海諸国である――の社会的な生を見ると、ここでは政治的にはその日暮らしであることに気づいて驚いてしまう。この現象は、ひどく奇妙である。公権は大衆の一代表者の手に握られている。大衆はきわめて強力なので、ありうべきすべての反対を絶滅してしまった。

歴史のなかで、これほど強力な政府を見つけるのが困難と思われるほど、比べもののない絶対的な形で、大衆は公権の主となっている。しかし、この公権、すなわちこの政府は、その日暮らしで、洋々たる未来を予想させるでもなく、未来の明快な予告をするでもなく、進歩と発展の結果を予想させるなにかすぐれたもののはじまりであるようにも見えない。簡単にいえば、生のプログラムもなく、計画もなく生きているのである。自分がどこに行くのかもわからない。なぜならば、厳密にいって、どこかに向かって進むというのではないし、予定された道、つまり、まえもって決められた軌跡ももたないからである。

この公権が自分を正当化するとき、未来についてはけっしてなにもふれず、逆に現在に閉じこもって、次のようなことを大まじめでいうのである。「われわれの政府は、現状によってやむなくつくられた異常な形態の政府である」。つまり、その政府は、現在の緊急事態によってつくられたのであって、未来に関する計算に基づいてではないというのである。だから、その活動はせいぜい、時々刻々に起こる紛争を避けることにある。紛争を解決するのではなく、糊塗策《こと》によってすぐあとにもっと大きな紛争が出てくるのも意に介さず、いかなる手段を用いてでも、紛争から逃れようとするのである。

公権は、大衆が直接行使するとき、つねにこのようであった。全能でありながら、一時しのぎなのである。大衆人とは、生の計画がなく、波間に浮かび漂う人間である。だから、かれの可能性と権力とが巨大であっても、なにも建設しない。

そして、この型の人間がわれらの時代を決定しているのだ。だからこそ、われわれはその性格を分析する必要がある。

この分析の鍵は、ふたたびこの論文のはじめにもどって、次のようにみずから問いかけるときに発見されるのだ。いまや歴史の舞台に満ちあふれている、これらすべての群集はどこからやってきたのか。

数年まえに、偉大な経済学者ヴェルナー・ゾンバルトが、きわめて単純な事実を浮き彫りにしてみせた。現代の諸問題に心をわずらわせているすべての頭脳が、これに留意していないのは不思議である。かれの指摘した単純きわまる事実は、それだけで、現今のヨーロッパについてのわれわれの視野を明るくするのに十分である。もし十分でないとしても、啓蒙への道にわれわれを導いてくれる。

その事実とは、次のとおりである。つまり、六世紀にヨーロッパの歴史がはじまってから一八〇〇年まで——したがって、十二世紀間にわたって——、ヨーロッパの人口が一億八千万以上の数字になったことはなかった。ところが、一八〇〇年から一九一四年までに——したがって、ほんの一世紀あまりのあいだに——ヨーロッパの人口は一億八千万から四億六千万にはねあがったのである！

この二つの数字の隔たりは、過去一世紀がさかんな増殖力をもっていたことを明白に物語っていると、私は推察する。この三世代のあいだに、人間の巨大な塊が生産され、それが歴史の平野に奔流のように投げだされ、氾濫したのである。繰り返していうが、この事実は、大衆の勝利を理解し、そこに反映され、告知されている諸問題を理解させるために十分であろう。他方、この事実を、もっとも具体的な資料として、私がまえに明らかにした生の増大の事実につけ加えなければならない。

しかし、それと同時に、この事実は、アメリカ合衆国のように若い国々の人口の増大を強調する賛嘆の念は根拠のないものだ、ということをも示している。アメリカが一世紀のうちに一億の人口に達したという増殖の激しさにわれわれは感心しているが、本当に感嘆すべきことは、ヨーロッパの人間の繁殖である。ここにこそ、ヨーロッパのアメリカ化を想定する幻影を正すための、もう一つの理由がある。アメリカを特徴づけるうえで、もっとも明瞭な特色と思われている現象——人口増加の速度——そのものも、アメリカに特有なのではない。ヨーロッパでは、前世紀のあいだ、アメリカよりもずっと人口がふえた。アメリカは、ヨーロッパの人口の余剰でつくられているのである。

しかし、ヴェルナー・ゾンバルトによって計算された事実が、当然知られるべきほどには知られていないとはいえ、ヨーロッパの人口が非常に増加したという漠然とした印象は十分に普及しているから、なにも増加それ自体については、とりたてて主張するまでもない。右に引いた数字のなかで私に興味があるのは、人口の増加そのものではなくて、その隔たりによって浮き彫りにされた増加のめまぐるしい速さである。これが目下、われわれにとって重大な問題である。というのは、このめまぐるしい速さは、歴史のなかに、おびただしい数の人間を加速度的な勢いでそれからそれへと投げだしたので、かれらを伝統的文化で満たしてやることが容易でなかったことを、意味しているからである。

またじっさいに、ヨーロッパの現在の平均型の人間は前世紀の人よりも健康で強い魂をもっているが、しかしずっと単純である。このことから、年を経た文明のなかに原始人が思いもよらず現われでたという印象が、ときに生ずるのである。前世紀の学校は、前世紀の大きな誇りであったが、大衆に近代生活の技術を教える以外のことはできなかった。かれらを教育することはできなかったのである。強く生きるための道具をかれらに与えたけれども、偉大な歴史的使命にたいする感覚は与えなかった。近代の諸手段についての誇りと力とを性急に植えつけたが、その精神は植えつけなかった。だから、かれらは精神とかかわりあうことをいやがるのである。そうして新しい世代は、世界が過去の痕跡《こんせき》をもたぬ、伝統的で複雑な問題のない天国であるかのように思いこんで、この世界の支配権を握る気になったのである。

したがって、前世紀は、歴史の表面に突如として大群集を解き放ったという栄光と責任を担っている。この事実は、あの世紀を公正に評価するのに、もっとも適当な見方を与えてくれる。当時の環境のなかで人間という果実があれほど収穫されたのだから、前世紀には、なにか異常で、比較を絶したものがあったにちがいない。この驚くべき事実を十分に理解して、消化しようと努めた証拠を見せないかぎり、過去の他の時代を動かした諸原理を偏重するのは、すべて軽薄で滑《こっ》稽《けい》なことである。

いままでの歴史はすべて、《人間》という植物にもっとも好適な、社会生活の処方を手に入れるために、考えうるかぎりの実験をした巨大な実験室のように見える。そして、あらゆるまちがった実験のあとで、こじつけをやめて正直にいえば、人間の種子を、自由民主主義と技術という二つの原理に基づく実験にかけたとき、ヨーロッパの種族はただの一世紀に三倍になったという事実にぶつかるのである。

これほど圧倒的な事実に直面すれば、ばかになりたくないかぎり、次のような結論をひきださざるをえなくなる。まず第一に、技術的創造のなかに形づくられた自由民主主義は、いままでに知られた社会生活のうちで最高の型である。第二に、この生の型は、考えうるかぎりの最良のものでないかもしれないが、われわれが最良と考える生は、それらの諸原理の本質を保持しなければならない。第三に、十九世紀よりも劣った生活形態にもどるのは自殺行為である、ということだ。

このことを、事実自体の明白さが要求する明白さをもって認めたら、今度は、十九世紀にたいして反逆する必要がある。

十九世紀に、なにか異常な、比較を絶するものがあったことが明らかだとすれば、生が拠《よ》ってたつところの諸原理自体を危機に追いこんでいる人間たちのカースト――反逆する大衆人――を生んだという点で、その時代はいくつかの根本的な悪、すなわちいくつかの構造的欠陥をもっていたにちがいないことも、それに劣らず明らかである。もしもこの型の人間がヨーロッパの主人であり、ものごとを最終的に決定する人であるならば、ほんの三十年もすれば、われらの大陸はまた野蛮状態にもどってしまうであろう。法的、物質的な技術が蒸発してなくなってしまうのは、何度も何度も機械製造の秘密が失われてしまったのと同様に、わけないことである。[2] 生は萎縮《いしゅく》するであろう。現代の豊饒な可能性は、実質上の減少と不足と痛ましい不能へと、つまり真の没落へと変化するだろう。なぜならば、大衆の反逆は、ラーテナウ[1]が《野蛮人の垂直的侵入》と呼んだものと同一の事柄だからである。

それゆえ、最大の善と最大の悪の潜在力であるこの大衆人を徹底的に知ることが、きわめて重要となる。

〔1〕けれども、たとえ積極的な方向づけでなくとも、なんらかの消極的な忠告をどのように過去から受けとれるかを、われわれは見るであろう。過去は、われわれに、なにをなすべきかを告げないが、なにを避けねばならないかは教えるだろう。

〔2〕現代のもっとも偉大な物理学者のひとりであり、アインシュタインの協力者であり継承者であるヘルマン・ヴァイル（一八八五～一九五五。ドイツの数学者）が、私的な会話でいつもいっていることだが、十人か十二人の特定の人間がもし突然死んだならば、すばらしい物理学は、人類にとって永遠に失われてしまうだろうということは、ほとんど確実である。物理学の理論の抽象的な複雑性に頭脳を慣らすには、何世紀もの準備が必要であった。小さな事件によって、人類の驚異的な可能性を根絶されることがありうるだろう。しかもこの可能性が、未来の技術の基礎なのだ。

（1）Walther Rathenau. 一八六七～一九二二。ドイツの実業家、政治家、著述家。第一次大戦後のドイツの難局打開にあたったが、暗殺された。

6　大衆的人間の解剖の開始

今日の社会生活――政治的な意味においても非政治的な意味においても――を支配していることの大衆的人間は、いったいどのような人々なのだろう？　どうしてかれらはそういう人間であるのか。つまり、どのようにしてそういう人間が生みだされたのだろうか。

これら二つの問題は、一方が明らかになるにつれて他も明らかになるのだから、これら二つの質問にいっしょに答えるのがよかろう。現在、ヨーロッパの生をリードしようと考えている人間は、十九世紀を指導した人間とはきわめて異なっている。しかし、かれらは十九世紀につくられ準備された人間である。一八二〇年、一八五〇年、一八八〇年の鋭敏な頭脳は、だれでも、先験的な推理によって、現今の歴史的状況の深刻さを予知することができた。それに、百年まえに予言されなかった新事実は、じっさいなにも起こっていない。《大衆が前進する！》と、「黙示録」ふうにヘーゲルはいった。《新しい精神力なしには、革命的な時代であるわれらの時代は破局を迎えるだろう》と、オーギュスト・コントは表明した。《虚無主義の潮があげてくるのが見える》と、ひげをはやしたニーチェはエンガディンの大岩から叫んだ。歴史は予知できないというのは嘘である。数えきれないほど何度も、それは予言された。もしも未来が予言を受けつけなければ、未来が現実となり、さらに過去となったときにも、理解することはできないだろう。歴史家はうしろ向きの予言者であるという考え方は、歴史哲学のすべてを要約している。未来については、その一般的構造だけしか予知できないというのは本当かもしれない。しかし、一般的構造こそ、われわれが真実に、過去や現代について理解できるただ一つのものである。だから、もしあなたが自分の時代をよく見たければ、遠くからごらんになることだ。どのくらいの距離から見るか。きわめて簡単なことだ。クレオパトラの鼻が見えなくなるだけの距離から見ればよい。

十九世紀がしだいに大量に生みだしていった、このおおぜいの人間の生は、どんな様相を示しているのだろう？　さしあたり、あらゆる面に行きわたった物質的便宜ということがあげられる。いまだかつて、平均人が、これほどの容易さで自分自身の経済問題を解決できたことはなかった。大きな財産は比較的減少し、産業労働者の生活はまえより苦しくなったが、あらゆる社会階級の平均人は、日ごとに、経済的な展望が好転していくのを見いだした。かれらの生活水準の目録には毎日、新たな奢侈《しゃし》品が加わった。その立場は日一日と安定し、他人の勝手な意志から独立していった。以前には幸運のたまものとみなされ、運命にたいする敬虔《けいけん》な感謝を呼びおこしたようなことが、感謝すべき権利ではなく、要求しうる当然の権利に変わった。

一九〇〇年以来、労働者もまたその生を拡大し安定しはじめた。しかし、それを入手するには戦わなければならない。平均人の場合のように、組織というものの傑作である社会と国家によって、自分のまえに豊かな生活を、さあどうぞと置いてもらえるわけではない。

この経済上の便宜と安全に、肉体的な便宜と安全、つまり快適さと社会的秩序を加えてみよう。生は心地よくレールの上を走り、暴力や危険が介入してくるような気配はない。

このように自由な開放された状態は、必然的に、それらの平均人の魂の最深層に、生に関するある生き生きとした印象を注ぎこんだ。それは、古い歴史をもつわが国ではきわめて優美な、しかも鋭い言い回しで次のように表現することが可能だった。《カスティーリャは広い》[1]。つまり、生は、新しい人間にとって、まえにあげた根本的、決定的なすべての面において、障害のないものとして現われた。

この事実とその重要性を了解するには、生の自由は過去の平民たちにはまったく存在しなかったことを思いだせばよい。それどころか、かれらにとって生は――経済面でも肉体面でも――重苦しい運命であった。かれらは、生きるとは、生まれたときから我慢するほかない障害の堆積《たいせき》であるから、ただその障害に適応し、残された狭い片隅に身を置く以外しかたのないものだ、と感じていた。

しかし、この対照的な状態は、物質的な面から、市民的、道徳的な面に目を移すと、さらにいっそうはっきりしてくる。平均人は十九世紀の中葉以来、自分のまえになんらの社会的障害物をも見いださない。つまり、もはや、生まれたときから、社会生活のいろいろな部面で邪魔も制限も受けないのである。かれの生を抑制せよと強いるものはなにもない。ここでもまた、《カスティーリャは広い》。《身分》も《カースト》もない。市民として特権をもつ者はだれもない。平均人は、すべての人間が法的に平等であることを学ぶ。

歴史を通じて、人間が以上の条件によって決定された生の状況ないし環境と、ちょっとでも似た状況に置かれたことはけっしてなかった。じっさいそれは、十九世紀に植えつけられた、人間の運命における根本的な革新である。人間の存在にとって、新しい舞台、肉体的にも社会的にも新しい舞台がつくられた。この新しい世界を可能にした三つの原理がある。自由民主主義、科学実験、産業である。あとの二つは、一語で表現して、技術ともいえる。

これらの原理のどれも、十九世紀に発明されたものではなく、そのまえの二つの世紀からひきつがれたものだ。十九世紀の名誉は、それらを発明したことにあるのではなく、植えつけたことにある。これを知らない人はだれもない。しかし、抽象的に認識するだけでは不十分で、このことから否応なく出てきた結果をはっきり知ることが必要である。

十九世紀は、本質的に革命的であった。その革命的な特徴は、バリケードの光景のなかにさがすべきではなく――バリケードはそれ自体で革命をつくりあげはしない――、平均人を――社会大衆を――それまでかれをとりまいていた条件とは根本的に対置される生の条件に置いたことのなかに求めるべきである。市民生活はひっくりかえしになってしまったのである。

革命とは、既存の秩序にたいする反乱ではなくて、伝統的秩序を否定する新しい秩序の樹立である。だから、十九世紀の生んだ人間は、社会生活の面から見れば、他のすべての時代の人間とは別の人間である、といっても過言ではない。もちろん十八世紀の人間は、十七世紀に支配的だった人間とは違うし、後者は、また十六世紀を特徴づけた人間とも違う。しかし、十九世紀の新しい人間がかれらと直面すれば、この人たちはすべて親類であり、類似しており、本質において同一でさえある。すべての時代の《平民》にとって、《生》とはなによりもまず、制限であり、義務であり、隷属であった。それは、一言でいえば圧力であった。もしお望みなら、圧迫といってもよい。ただし、ここでいう圧迫とは、法的、社会的な意味だけでなく、宇宙という意味も含んでいると理解していただきたい。というのは、宇宙的圧迫は、百年まえに科学的な――つまり物理的、行政的な――技術が、事実上無制限な発展をはじめるまでは、いつも存在していたからである。以前には、金持や権力者にとっても、世界は貧困と困難と危険に満ちたところであった。[1]

この新しい人間を生まれたときからとりまいている世界は、いかなる点でもかれが自分を制限することを強いないし、なんらの拒否も反対もしないばかりか、むしろ無限に増大するその欲望を刺激する。さて――非常に重要なことであるが――、十九世紀および二十世紀のはじめの世界は、完全性と広大さを現実に所有していたし、それればかりか、まるで自然に無限に進歩が行なわれるかのように、明日はもっと金持になるだろう、もっと完全に、もっと広大になるだろうという、絶対的な安心感を人々に暗示したのである。

今日この絶対的信仰に小さなひびがはいりはじめたにもかかわらず、今日でも、自動車は五年のうちには、もっと快適になり、もっと安くなるだろうということを疑う人は、きわめて少ない。太陽が明日また昇ることを信ずるように、そのことを信じているのである。この比喩《ひゆ》は正確である。なぜならば、一般人は、技術的、社会的にこれほど完全なこの世界に生きているので、それを自然がつくったのだと信じており、それを創造できたのは、卓越した人々が努力してくれたおかげだということをけっして考えないからである。まして、すべての生活の便宜は、いつでも、人々の激しい努力に支えられているのであって、その人たちがちょっとでも失敗すれば、すばらしい建物はたちまちに消え失せてしまうのだという考え方を認めることはないであろう。

このことから、現代の大衆的人間の心理分析表に、二つの重要な特性を書きこむことができる。生の欲望の、したがって、かれの性格の無制限な拡大と、かれの生活の便宜を可能にしてくれたすべてのものにたいする、まったくの忘恩とである。この二つの特性は、甘やかされた子供の心理を構成するものとして、よく知られている。そして、じっさいに、現代の大衆の心をのぞくのに、子供の心理を対照として使えば、まちがうことはないだろう。きわめて長い、また慈悲深い――霊感と努力を惜しみなく使った――過去の継承者である新しい平民は、周囲の世界から甘やかされてきた。甘やかすとは、欲望を制限しないこと、なにもかも許され、なんの義務もないという印象を、人に植えつけることである。この体制に置かれた子供は、自己の限界を経験することがない。周囲にあるすべての圧力や他人とのあらゆる衝突をとりのぞかれているので、本当に自分だけが生きていると信ずるようになり、他人を考慮しないこと、とくに自分よりも偉い人を考慮しないことに慣れてしまう。

他人の優越性にたいする感覚は、かれよりも強くて、かれにある欲望をあきらめさせ、自己を制限し、抑制することを強いる人があってはじめて与えられるのである。そういうことがあれば、次の根本的な教訓を学ぶことになろう。「ここで私は終わり、私より能力のある人がはじめる。世界には明らかに二種類の人間がいる。それは、私と、私よりもすぐれた他人である」

他の時代の平均人は、この根本的な知恵を、世界からしじゅう教えられた。というのは、世界の組織はきわめて粗雑だったので、破局がやってくることはしばしばだったし、世界には、なんら安全で、豊富で、安定したものはなかったからである。それなのに、新しい大衆は、可能性に満ちた、しかも安全な環境にあり、ちょうどわれわれが自分の肩でかつぎあげなくとも太陽が天空にあるように、まえもって努力しなくとも、なにもかも思いのままになるように与えられている。

自分の呼吸する空気について他人に感謝する人はだれもいない。空気はだれかにつくられたものではないからだ。それは、《そこにある》もの、なくなることがないのでわれわれが《当然である》と呼ぶものの一つである。これらの甘やかされた大衆は、空気のように随意に使えるあの物質的、社会的な組織が、見たところけっしてなくなることがないし、自然とほとんど同様に完全だから、同様の起源をもつものだ、と信じているほど愚かである。

だから、私の主張は、次のようになる。十九世紀が、生のいくつかの側面にあまりに完全な組織を与えたことから、その完全さのために、利益を受ける大衆は、それを組織ではなく、自然だとみなすようになったのである。あの大衆が示す不合理な心理状態は、こうして説明し、判然とさせることができる。かれらは自分の福利にしか関心がなく、同時に、その福利の原因とは無縁である。文明の恩恵の背後には、大きな努力と細心の注意でもってはじめて維持しうる発明と建設があったことがわからないので、自分の役割は、その恩恵を、あたかも自然の権利のようにしつこく、また有無をいわせず、要求することであると信じている。食料が不足して起こる暴動のさいに、一般大衆はパンを求めるのだが、なんと、そのやり方はパン屋を破壊するのがつねである。この例は、今日の大衆が、かれらを養ってくれる文明をまえにして、広範な、複雑な規模で反応する行動の象徴として使うことができる。〔2〕

〔1〕ある個人が他人に比べていかに金持であっても、世界全体が貧乏だったから、その人の富によって手にはいる便宜、安楽の範囲は、非常にわずかだった。平均人の生は、他の時代のどんな権力者よりも、容易で、快適で、安全である。もし世界が金持で、かれにすばらしい道路、鉄道、電話、旅館、肉体的安全、アスピリンを提供してくれれば、他人よりも金持でなくたってかまわないではないか。

〔2〕勝手にさせておけば大衆――それが平民だろうと《貴族》だろうと同じことである――は、生きることに一生懸命になって、かえって生の根源を破壊する傾向がつねにある。この「生きようとして、かえってその根源をなくす」 ***propter vitam vivendi perdere causas*** 傾向を示す傑作な戯画だ、と私がいつも思っている事件がある。それは一七五九年の九月十三日、カルロス三世（在位一七五九～八八。

スペイン王）の即位宣言の日に、アルメリーアの近くのニーハル村で起こった。その日、村の広場で即位の公告が行なわれた。「そのあとで、そこに参列したすべての群集のために、飲み物をもってこさせた。かれらは七七アローバ（約九〇〇キログラム）の葡萄酒《ぶどうしゅ》、四皮袋の火酒を飲みほした。そのアルコールがひどくきいたので、万歳万歳を叫びながらまず共同穀倉に行き、貯蔵されていた小麦と金庫にあった九〇〇レアールを窓からほうりだした。そこからたばこ専売店に行き、給料の金とたばこをほうりださせた。いっそうにぎやかにするために、方々の店で、同じようにいっさいの飲み物や食い物をばらまかせた。聖職者たちも同様の熱意でこれに加わり、大声で女たちに、家にあるものをみんな投げすてるように呼びかけたところ、彼女たちは、それらをいとも無欲にほうりだした。そのため、家には、パン、小麦、小麦粉、大麦、皿、土鍋、すり鉢、臼《うす》、椅子はなくなり、村は破壊されてしまった」。このことは、サンチェス・デ・トーカ氏の所蔵する当時の記録にあり、これをマヌエル・ダンビラ氏が『カルロス三世の治世』Reinado de Carlos III 第二巻、一〇ページ注二に引用した。この村は、帝王の即位を祝う楽しみを生きようとして、自分を殺してしまう。賛嘆に値するニーハルよ！　将来はなんじのものである！

（1）「遠慮なく、気ままにやろう」、あるいは「遠慮なく、気ままにしなさい」、または「障害もなく行動しうる」の意味で使われる。

7　高貴な生と月なみな生、あるいは努力と惰性

さしあたりわれわれは、世界にそうなりなさいといわれたとおりに、現在の姿になっているのだし、われわれの心の主要な特徴は、まるで鋳型に入れてつくられたように、周囲の形どおりにできあがっている。それは、当然のことである。生きるとは、世界とかかわりをもつことにほかならないからである。

世界がわれわれに示す一般的様相は、われわれの生の一般的様相でもある。だからこそ私は、今日の大衆の生まれた世界は歴史のなかで根本的に新しい容貌《ようぼう》をもっているということを、これほど強く主張しているのである。

過去においては、平均人にとって、生きるとは、周囲に困難、危険、欠乏、運命の制限、隷属を見いだすことを意味したのに、新しい世界は、実際上無限の可能性をもち、安全で、だれにも隷属しないですむ環境のように見える。

永久的、第一義的なこの印象をめぐって、現代のひとりひとりの心が形成されていくであろうことは、この反対の印象のまわりにむかしの心が形成されたのと同様である。なぜならば、この根本的な印象は、人の心のもっとも深いところで、たえずなにかをつぶやき、一つの生の定義を

しつこく暗示するところの内部の声に変ずるからであり、この定義は同時に、命令ともなるからである。

伝統的な印象が、「生きるとは、制限されていると感ずることであり、それゆえに、われわれを制限するものを考慮に入れねばならぬということだ」といったとすれば、もっとも新しい声は、「生きるとは、なんらの制限にぶつからないことだ。だから、平気で自分自身に甘えることだ。実際上、不可能なもの、危険なものはなにもない。それに、原則として人間のあいだに優劣関係はないのだ」と叫ぶ。

この根本的経験は、大衆的人間の伝統的、永続的な構造を完全に変えてしまう。なぜならば、かれらはその立場からいって、物質的制限、上位の社会的権力につねに直面している、と感じていたからだ。かれらの目から見れば、これが生であったのだ。もしも、自己の境遇を改善することができたり、社会的に出世したならば、運命がかれにとりわけ幸いしたのだとして、その幸運を偶然に帰した。そうでなければ、異常な努力のたまものだと考えたが、そのためにどれほど犠牲を払ったか、自分でもよくわかっていたのである。どちらの場合も、生と世界の正常なあり方にとって、一つの例外であった。例外という以上、なにか超特別な原因に基づいていたのであった。

しかし、新しい大衆は生の完全な自由を、なんら特別な原因によるのではなく、確立された、生得の状態だと見ている。外からかれらをいざなって、制限のあることを認めさせるもの、したがっていつでも他の権威、とくに上位の権威を考慮に入れるようにさせるものは一つもない。中国の農夫は、しばらくまえまで、自分の生の幸福は皇帝がおもちになっている個人的な徳に依存している、と信じていた。したがって、その生は、かれの依存する最高権威といつも関係づけられていたのである。

しかし、いま分析している人間は、自分以外のいかなる権威にもみずから訴える、という習慣をもっていない。ありのままで満足しているのだ。べつにうぬぼれているわけでもなく、天真爛《らん》漫《まん》に、この世でもっとも当然のこととして、自分のうちにあるもの、つまり、意見、欲望、好み、趣味などを肯定し、よいとみなす傾向をもっているのだろう。どうしてそうでないわけがあろうか。なぜならば、まえに見たとおり、かれらが二流の人間で、きわめてわずかの能力しかもっていないこと、また、自分自身についてのあのような肯定的判断の根拠となったあの豊饒さと満足感をかれらの生に与えている組織そのものを、自分で創造することも保存することもできないのだということを、かれらに教えてくれる人も事物も存在しないのだから。

大衆的人間は、状況が暴力的に強いないかぎり、自分以外の何者にも訴えかけることはないだろう。今日、状況が強制しないので、永遠の大衆的人間は、その性格どおりに、もはやいかなる権威にも頼ることをやめ、自分を自己の生の主人であると感じている。それに反し、選ばれた人、つまりすぐれた人間は、自分よりもすぐれた、自分のかなたにある規範にみずから訴えることが必要だと、心底から感ずる性格をもっていて、その規範のために、易々として身を捧《ささ》げる。

すぐれた人間をなみの人間から区別するのは、すぐれた人間は自分に多くを求めるのにたいし、なみの人間は、自分になにも求めず、自己のあり方に満足しうぬぼれている点だと、はじめに述べたことを想起していただきたい。[1] 一般に信じられているのとは逆に、基本的に奉仕の生活を生きる者は、選ばれた人間であって、大衆ではない。なにか卓越したものに奉仕するように生をつくりあげるのでなければ、かれにとって生は味気ないのである。したがって、奉仕の必要性を一つの圧迫とは思わない。もしも偶然その必要性がなくなると、かれは不安を覚え、自分を抑圧するもっと困難でやっかいな規範をつくりだす。これは修行としての生であり——高貴な生である。

高貴さは、権利によってではなく、自己への要求と義務によって定義されるものである。高貴な身分は、義務をともなう。[1]「好き勝手に生きるのは平民であり、貴族は定めと掟《おきて》に憧れる」（ゲーテ）。貴族の特権は、もともと委譲や恩寵《おんちょう》によって与えられたものではなく、それどころか、力で手に入れたものである。そして、貴族の地位を保持するには、その特権を有する者は、もし必要があり、他人がかれと特権を争う場合には、いつでも、もう一度力ずくでとりかえす能力があることが、まず前提とされる。[2] 私的な権利ないし特権とは、だから、受身の所有や単純な享受を意味するのではなく、個人の努力の到達しうる高さを表わしている。

それにたいし、《人権》《市民権》のような共通の権利は、受身の財産、まったくの利益、恩恵であり、あらゆる人間が遭遇する運命からのありがたい贈物であり、その運命を享受するには、呼吸をし狂人にならないようにする以外なんの努力もいらない。だから、私は、このような無人格の権利は所有されるもので、人格的な権利は維持しなければならないものだ、といいたい。《貴族》というような心をゆさぶることばが、日常用語のなかで、本来の意味をだいなしにされてしまっているのを見るのは、いらだたしいことだ。貴族ということばは、多くの人々によって、世襲的な《貴族の血統》という意味で使われているのだから、貴族というものが、共通の権利に、つまり生命をもたないもののように受けとられたり伝えられたりする、静的な受動的な性格に変わってしまうわけだ。しかし《貴族》の本来の意味、つまり語源は、本質的に動的である。高貴の人とは《知られた人》という意味で、世間に知られた者とか、無名の大衆に抜きんでることによって自分を知名にした有名人ということだ。高貴であるということは、かれを著名にするもととなった、なみなみならぬ努力のあったことを意味する。したがって高貴な人とは、努力する人、または卓越した人ということに相当する。息子が貴族であったり知名だったりするのは、たんなる恩恵である。息子が知られているのは、父が自分自身を有名にしたからである。それは、親の七光りによって有名なのである。じっさい、世襲貴族は間接的性格をもっており、鏡に写った光であって、死者によってつくられた虚像の貴族である。世襲貴族に残された唯一の、生きており、本物であり、動的なものは、先祖のやりとげた努力の水準を維持するように子孫を奮起させる刺激だけである。このようにすっかり貴族の本来の意味を失った場合にも、高貴な身分は、義務をともなうのである。最初の貴族は自分を義務づけ、世襲の貴族は相続によって義務づけられる。しかし、いずれにしても、当初の貴族からその相続者に貴族の称号を伝えるということには、ある種の矛盾がある。その点では中国人のほうが論理的であって、継承の順序を逆にする。つまり、息子を父が貴族とするのではなくて、息子が貴族権を得ることによって、それを祖先たちにさかのぼらせ、かれらの賤《いや》しい家系をかれの努力によって名門にするのである。だから、貴族の称号を与えるときに、その特権を何代さかのぼらせるかによって等級づけがなされる。なかには父だけを貴族にする人もあるし、自分の名声を五代、十代の祖父にまで延長する者もある。祖先たちは、現に生きている人、その現実の、活動中の貴族、つまり貴族であった人ではなく貴族である人によって生きているのである。[3]

《貴族》は、ローマ帝国までは、公のことばとしては現われない。しかもそれは、すでに没落しかけていた世襲貴族に対立するものとして使われだしたのである。

私にとっては、貴族とは努力する生の同義語であって、つねに自分に打ち克ち、みずから課した義務と要請の世界に現実を乗りこえてはいっていく用意のある生である。だから、高貴な生は、月なみな生、つまり、静的に自分の内部に閉じこもり、外部の力がそこから出ることを強いないかぎり、永遠の静止を続ける運命にある、月なみな、あるいは惰性の生に対置される。われわれは、こういう生き方をする人を――おおぜいいるからというよりも、むしろそれが惰性で生きるからという理由で――大衆と呼ぶのである。

年をとるに従って、大部分の男は――そして女も――、外的な強制への反応のように、否応なく押しつけられる努力以外には努力する力がないことに、いやというほど気づくであろう。だからこそ、われわれの知っている人で、自発的な、はなばなしい努力をする能力がある一握りの人々は、われわれの経験のなかでますます孤立し、まるで記念碑のような印象を与えるのである。かれらは選ばれた人々、高貴な人々、能動的に生きるのであり、ただ反応的に生きるのではない人々であって、その人々にとっては、生きるとは、永続的緊張であり、たえざるトレーニングである。トレーニングは、*áskesis* である。つまり、かれらは行者②なのである。

右に述べたことは、脱線しているように見えるかもしれないが、驚かないでいただきたい。今日の大衆的人間は、いつの世にもある大衆ではあるが、卓越した人々にとって代わろうとしている。この今日の大衆的人間を定義するためには、この人間を、かれのなかにまじりあっている純粋な二形態に分けてみなければならない、つまり普通の大衆と、本物の貴族、いいかえれば、努力する人間とを、対置しなくてはならない。

われわれは、もうこれで、今日の世界に幅をきかせている人間の型を解く鍵、または心理方程式と私が考えているものを手にしたのであるから、これからはもっと急いで先に進むことができる。以下に述べることはすべて、一つの根本的な仕組みの結果、ないし当然の結果である。その仕組みとは、要約すれば、次のようにいえよう。十九世紀に組織された世界は、自動的に新しい人間を生産するとともに、かれのなかにすさまじい欲望を植えつけ、それを満足させるために、あらゆる面で有力な手段――経済的手段と肉体的手段〔衛生と、あらゆる時代よりもまさった平均的健康〕、市民的・技術的手段〔現在の平均人がもっており、過去の平均人にはつねに不足していた膨大な知識の断片と実際的能率を、このことばで表わす〕――を与えた。

十九世紀はかれのなかにすべての力を注ぎこんだあとで、（かれを）ほうりだしてしまった。そこで平均人は、本来の性格のおもむくままに、自分だけの世界に閉じこもった。その結果、今日、われわれの目撃している大衆は、いかなる時代よりも強力ではあるが、伝統的な大衆とは違って、自己の内部に閉じこもっており、満ちたりたと信じ、なにごとにもなんぴとにも従属しないのである――一言でいえば、不従順になったのである。[4]

今後、万事が今日までのようなぐあいに続くならば、全ヨーロッパで――かつその反映として全世界で――、大衆がいかなる面でも支配に従わないという現象が、日ましに目につくようになるのは当然であろう。しかし、われらのヨーロッパ大陸に苦しい時代が訪れようとしているのであるから、大衆も急に心配になって、いくつかのとくに緊急な問題では、すぐれた少数者の支配を受けつける殊勝な気持をいだくときがあるかもしれない。

しかし、この殊勝さも、結局うまくいかないであろう。なぜならば、かれらの心の根本的な構造は、閉鎖性と不従順さでできているからであり、事物にたいしてであれ、人にたいしてであれ、自分らを越えた向こう側にあるものに服従する機能が、生まれつき欠けているからである。だれかのあとについて行こうと思っても、それは不可能であろう。耳をかしたいと思っても、結局、自分たちは聾者であることに気づくであろう。

他方、今日の平均的人間の生活水準が、他の時代よりもずっと高くなったとしても、かれらが自分で文明の進路を支配することができるようになるだろうと考えるのは、錯覚である。私は進路といっているのであって、進歩ではない。現代文明の進路を維持するだけでも、最上級に複雑ではかりしれない鋭敏さを要求する。文明のいろいろな道具を使うことは覚えたが、文明の原理そのものを根っから無視することで特徴づけられる平均人は、その進路を決定するには不適当である。

ここまで忍耐強く読んでくださった読者に繰り返していうが、以上述べたすべてのことを、そのまま政治的な意味にとらないことがたいせつである。政治的行動は社会生活のなかでもっとも有効で目につきやすいものであるが、他のもっと内的な触知しがたい行動のあとに来るものであり、その結果である。したがって、政治的な不従順も、もしもっと深く、もっと決定的な、知的・道徳的不従順に由来しないとしたら、それほど重大とはいえないであろう。だから、それを分析しないうちは、この論文の所説を最終的に明らかにすることはできないであろう。

〔1〕なんらかの問題に直面して、頭のなかにうまいぐあいに存在する考えで満足する者は、知的な面での大衆である。それに反して、まえもって努力して得られたのではなく、ただ頭のなかにあるものを軽んじ、かれの上にあるものだけを自分にふさわしいとして受けいれ、それに達するために新たに背伸びをする人は、すぐれた人である。

〔2〕『無脊椎のスペイン』〔一九二一〕参照。

〔3〕ここでは〈貴族〉という語を、相続を排除する根源的な意味にもどすことだけが問題であって、歴史上、《貴族の血統》が頻繁に現われた事実について研究する余裕はない。よって、この問題は手をふれずに残しておく。

〔4〕大衆の不従順さ、とくにスペインのそれについては、『無脊椎のスペイン』〔一九二一〕ですでに述べたので、それを参照されたい。

（1）*Noblesse oblige.*

（2）原語は ***asceta.*** アスケシス ***áskesis*** は、ギリシア語で「訓練」の意。スペイン語のアセータは「修行者」の意で、語源的にアスケシスと同じである。『観察者』第七巻のなかの「国家のスポーツ的起源」参照。

8　なぜ大衆はすべてに介入し、しかもなぜいつも暴力的に介入するのか

法外に逆説的な現象が起こったこと、しかしそれは、本当はきわめて当然のことだということを前章までに述べた。その現象とは、凡庸な人間にとって世界と生が広く開かれたというのに、かれの心は閉じてしまったことである。そこで私は、まさに平均人の魂の閉塞《へいそく》ということに大衆の謀反が起因し、さらに、大衆の謀反ということから、今日の人類にいどむ巨大な問題が生ずるのだ、ということを主張する。

多くの読者が私と同じようには考えないことを私はよく知っている。それはきわめてあたりまえのことであり、むしろ私の所説の正しいことを裏づけているのである。たとえ私の意見が決定的にまちがっていたとしても、私と意見を異にする読者の多くが、これほど複雑な問題を五分間も考えたことはないという事実には変わりがないからである。そんな人がどうして私と同じように考えるわけがあろう。まえもって一つの意見をつくりあげようという努力をしないで、その問題に関して意見をもつ権利があると考えるのは、私が《反逆する大衆》と呼んだ人間のばかげた生き方で、その人が生きていることを明らかに示している。それはまさに心を閉塞し密封したのである。それは知性の閉塞であるといってもよいだろう。

その人間は、自分の内に、はじめから一連の観念をもっている。それで満足し、自分が知的に完全であると思うことに決めている。自分の外にあるものの必要性を感じないので、その一連の観念のなかに決定的にあぐらをかく。ここに自己閉塞の機構がある。

大衆的人間は自分が完全であると思う。選ばれた人間が自分を完全だと感ずるためには、とりわけ虚栄心が強くなければならない。自分の完全さを信ずることは、かれの体質には向かないし、かれの本来の性格からは出てこない。そうではなくて、その信念は虚栄心から来るのであって、かれ自身にとっても、それは虚構の、幻想的な、疑わしい性質をもっている。

そこで、虚栄心の強い人は他人を必要とし、他人のなかに、自分について自分でもちたい観念の確証を求めるのである。そこで、この病的な状態においてすら、いいかえれば、虚栄心で《盲目》になっているときですら、高貴な人間は、本当に自分が完全だと感ずることができないのだ。

それに反し、われらの時代の凡庸な人間、つまり新たなアダムには、自分の完璧《かんぺき》性を疑うという気が起こらない。その自信のほどは、ちょうどアダムのように、楽園的である。生得の、魂の密閉性が、自分の不完全さを発見するための前提条件、つまり、他人との比較を不可能にしてしまうのである。比較するとは、しばらく自己から離れて、隣人のところに身を移すことである。しかし、凡庸な心は移動――崇高なスポーツ――ができない。

したがって、愚かな者と炯眼《けいがん》の士とのあいだに永遠に存在する差異と同じものを、ここに見るのである。炯眼の人は、自分が愚か者とつねに紙一重であることを知って驚く。だから、目前のばかげたことを避けようと努力するし、その努力のなかに知性が存する。それにたいし、愚か者は、自分のことを疑ってみない。自分がきわめて分別があるように思う。ばかが自分の愚かさのなかであぐらをかくあの羨《うらや》むべき平静さは、ここから生まれるのである。住んでいる穴から外へひきだしようのない昆虫みたいなもので、愚か者をその愚行から解き放ち、しばらくでもその暗《くら》闇《やみ》から出して、いつもの愚かな見方を、もっと鋭い見方と比較してみるように強制する方法はないのである。愚か者は終生そうであって、抜け穴がない。

だからこそアナトール・フランスは、愚か者は邪悪な人間よりも始末が悪い、といったのだ。つまり、邪悪な人間はときどき邪悪でなくなるが、愚か者は死ぬまで治らないからだ。[1]

問題は、大衆的人間が愚かだということではない。まったく反対に、現代の大衆的人間は利口で、他のいかなる時代の大衆よりも知的能力がある。しかし、この能力はなんの役にもたたない。厳密にいって、それを所有しているという漠然たる感覚は、ますます自己の内部に隠れ、それを使用しないことにだけ役だっている。年がら年じゅう、できあいの決まり文句、偏見、観念の枝葉末節、簡単にいえば、偶然かれの頭のなかにたまった空虚なことばをたいせつにして、天真爛漫だからとでもいうほか理解できない大胆さで、そういうことばをなににでも押しつけるのである。これは、第一章で、われらの時代の特徴として述べたものである。凡人が、自分は卓抜であり、凡庸でないと信じているのではなくて、凡人が凡庸の権利を、いいかえれば、権利としての凡庸を、宣言し押しつけているのである。

今日の社会生活の上に知的な凡庸さがふるっている威力は、おそらく現状のなかで、もっとも新しい要素であり、過去にもっとも還元しにくい要素であろう。少なくとも今日までのヨーロッパの歴史のなかで、凡人がものごとに《思想》をもっていると信じたことは、一度もなかった。信仰、伝統、経験、格言や習慣的なものの考え方はあったが、ものごとがなんであるか、どうあらねばならないか、ということについて――たとえば、政治について、文学について――、自分が理論的な見解をもっているなどと想像しなかった。

凡人は、政治家が計画し行動することを、よいと思うこともあり、悪いと思うこともあった。それを支持したり、反対したりした。しかし、その行為は、他人の創造的行為にたいして、肯定的または否定的に反応するにとどまっていた。政治家の《思想》に自分の思想を対立させてみようとか、政治家の《思想》を、自分が所有していると思いこんでいる別の《思想》の場から裁こうなどとは夢にも思わなかった。芸術でも、その他の社会生活の面でも、それは同じことだった。自分の才能の限界についての意識、理論化する能力がない[2]という生まれながらの意識が、こんなことをすることを禁止したのである。これから当然の結果として、おおむね理論的性格をもっている社会的活動のどんなことについても、凡人たちは、決定することなど少しも考えてみなかったのである。

それに反し、今日の平均人は、世界で起こること、起こるにちがいないことに関して、ずっと断定的な《思想》をもっている。このことから、聞くという習慣を失ってしまった。もしすでに必要なものをすべて自分がもっているなら、聞いてなにになるのだ？　もはや聞く時代ではなく、逆に、判断し、判決し、決定する時代である。目が見えず耳が聞こえないにもかかわらず、かれらが口を出し、《意見》を押しつけないような社会生活上の問題は、一つもない。

しかし、これは一つの利点ではないだろうか。大衆が《思想》をもつ、つまり、教養があるというのは、大きな進歩を表わしていないだろうか。絶対、否である。平均人がもつ《思想》なるものは、本当の思想ではないし、それをもつことは教養ではない。思想とは、真理にたいする王手である。思想をもとうとする者は、そのまえに、真理を欲し、真理を要求する遊戯の規則を認める用意がなくてはならない。

意見を規制する権威、つまり、議論をするさいに拠り所となる一連の規則が認められないところでは、思想など話にならない。これらの規則は、文化の原理となる。それがなんであるかは、私にはどうでもよい。私がいうのは、われわれの仲間が拠り所とすることができる規則がないところには、文化は存在しない、ということだ。訴えるべき法律の原理のないところには、文化は存在しない。議論にさいして参考にすべき、なんらかの最後的な知的立場を尊敬しないところには、文化は存在しない。(3) 経済関係を保護する取引きの規則が守られないところに、文化は存在しない。美学上の議論を行なうのに、芸術作品を弁護する必要性を認めないところに、文化は存在しない。

このようなものがすべて欠けているときには、文化は存在せず、ことばのもっとも厳密な意味において、野蛮さがある。そしてこの野蛮状態が、大衆の反逆がさかんになるにつれて、ヨーロッパに存在しはじめたものである。このことについては、甘い考えをもつことはやめようではないか。野蛮国に着いた旅人は、その地域では、頼るべき原理がないことに気づく。本来、野蛮な規範などというものはない。野蛮とは、規範も頼るべき原理もない状態のことである。

文化程度の多寡は、規範の精密さの多少による。精密さが少なければ、規範は生を大雑把にしか規制しない。多ければ、あらゆる行動をするさいに、細部にまで浸透して規制する。スペインの知的文化の乏しさ、つまり、知性の規律正しい鍛練ないし錬磨の乏しさは、知識が多いとか少ないとかいう点にではなく、書いたりしゃべったりしている人に普通に見うけられる、真理にたいしてたちむかう用心深さ、注意力が、たいていのスペイン人に欠如している点に現われている。だから、正しく判断しているかどうかではなく――真理はわれわれの手にあまることだ――、慎重さが欠如しているために、正しく判断するための根本的な必要条件を満たさないことが問題なのである。

われわれは、相手のマニ教徒がなにを考えているかを調べてみる労をとらずに、議論で相手を打ち負かして得意になっている田舎の牧師と、あいかわらず同じ人間である。

何年かまえから、ヨーロッパに《奇妙なこと》が起こりはじめているのに気づかぬ人はなかろう。この奇妙なことの例として、サンディカリスムと、ファシズムのような、ある種の政治運動をあげよう。それがただ新しいから奇妙に見えるのだといってはならない。革新への情熱がヨーロッパ人にとって生得的だからこそ、知られている歴史のなかで、もっとも波瀾《はらん》に富んだ歴史を生んだわけである。だから、これらの新しい事実が奇妙であることを、新しいということに帰着させず、これらの新事実の不可思議な外貌《がいぼう》に帰着させるべきである。サンディカリスムとファシズムの相の下に、はじめてヨーロッパに、理由を述べて人を説得しようともしないし、自分の考えを正当化しようともしないで、ひたすら自分の意見を押しつけるタイプの人間が現われたのである。これは新しい事実だ。理由をもたない権利、道理のない道理である。① この新しい事実のなかに、私は、資格もないのに社会を支配する決意をした新しい大衆のあり方の、もっとも顕著な特色を見るのである。かれらの政治的行動には、もっともなまなましくはっきりした形で、新しい精神の構造が現われるのであるが、それを解く鍵は、知能の閉鎖性にある。平均人は、心のなかに《思想》を見いだすけれども、思想を生みだす機能はない。思想が生を営むきわめてとらえがたい霊妙な雰囲気がなんであるかなどと、考えてもみない。意見を吐きたがるが、意見を表明するための条件や前提を受けいれることはいやがる。だから、かれらの《思想》は恋愛詩曲のようなもので、ことばを吐きだしたいという欲望以外のなにものでもない。

思想をもつとは、思想の根拠となる理由を所有していると信ずることであり、したがって、理性が、すなわち理解可能な真理の世界が存在すると信ずることである。思想を生みだすこと、つまり意見をもつということは、そのような真理という権威に訴え、それに服従し、その法典と判決を受けいれることと同じであり、したがって、共存の最良の形式は、われわれの思想の根拠となる理由を議論する対話にあると信ずることと同じである。

しかし、大衆的人間は、議論をすれば、途方に暮れてしまうだろうから、かれの外にあるあの最高の権威を尊重する義務を本能的に嫌うのである。したがって、ヨーロッパの《新しい》事態は、《議論をやめる》ことである。あらゆる共存形式は、会話から科学を経て議会にいたるまで、それ自体、客観的な規範を尊重することを意味しているから、嫌われるのである。

このことは、ある規範のもとでの共存である文化的な共存を拒否し、野蛮な共存に退化することを意味する。すべての正常な手続きは廃され、自分の欲望を直接的に押しつけにかかる。まえに見たように、大衆を駆ってあらゆる面の社会生活に介入させるもとである心の閉鎖性は、同様に大衆をただ一つの介入の仕方に否応なく導いていく。それは直接行動である。

われらの時代の起源を復元する日が来れば、現代の奇妙なメロディの第一節は、一九〇〇年ころのフランスのサンディカリストやレアリスト、すなわち《直接行動》のやり方の発明者であり、同時にそのことばの発明者でもある人々のあいだで口ずさまれたものであることに気づくであろう。むかしから人々はいつも、暴力に訴えてきた。ときには、暴力という手段はたんなる犯罪にすぎなかった。それは、われわれには興味がない。しかし、他の場合、暴力は、自己がもっていると信じている道理や正義を擁護するためのあらゆる手段をすっかり使いはたしてしまった者が訴える手段であった。

人間がときとして、やむなくこういう形式の暴力に走るのは悲しむべきことであるが、この暴力形式が理性と正義への最大の敬意を意味することは否定しがたい。このような形式の暴力は、怒れる理性以外のなにものでもないからである。力は、まことに、最後の理性[3]であった。この表現は、愚かにも、皮肉まじりに理解されてきたものだが、これは、理性的規範に力が最初から屈服していることをきわめてよく表わしている。

文明とは、力を最後の理性に還元する試み以外のなにものでもない。今日、われわれはこのことを明白に理解しはじめている。なぜならば、《直接行動》は、順序を逆にして、暴力を最初の理性だと、厳密にいえば唯一の理性だと宣言していることだからである。直接行動は、あらゆる規範の破棄を提案する規範であり、われわれの意図と、意図の押しつけとのあいだになんらの中間項をも認めない規範である。これは、野蛮人の大憲章である。

大衆がいろいろな理由で社会生活に介入したときはいつも、《直接行動》の形で介入したことを想起するがよい。すなわち、これは、つねに大衆の行動の自然なあり方であった。そして、社会生活への大衆の圧倒的介入が、随時的でときたまの現象から、正常な現象に変じた現今の時代においては、《直接行動》こそ、公然と認められている規範のように見える、という明らかな事実が、このエッセイの論旨を確証している。

人間の全共同生活は、間接的権威に訴えることをやめた新制度のもとに繰りこまれつつある。社会関係では、《礼儀作法》は廃れている。《直接行動》としての文学は、侮辱の形式をとる。性的関係では、複雑な手続きが減っている。

手続き、規範、礼節、非直接的方法、正義、理性！　これらはなんのために発明され、なんのためにこれほどめんどうなものが創造されたのだろうか。それらは結局、《文明》[4]というただ一語につきるのであり、文明は、《キビス》[5]つまり市民という概念のなかに、もともとの意味を明らかに示している。これらすべてによって、都市、共同体、共同生活を可能にしようとするのである。だから、いま数えあげた文明の小道具の一つ一つの内側を眺めれば、それらの中身はすべて同じであることを見いだすであろう。じっさい、これらすべては、ひとりひとりが他人を考慮に入れるという、根本的、前進的な願いを前提にしているのである。文明はなによりもまず、共同生活への意志である。他人を考慮に入れなければ入れないほど、非文明的で野蛮である。野蛮とは、分解への傾向である。だからこそ、あらゆる野蛮な時代は、人間が分散する時代であり、たがいに分離し敵意をもつ小集団がはびこる時代である。

政治的に共存への意志がもっとも高く表現される形式は、自由民主主義である。それは、隣人を考慮に入れる決意を極限まで推し進めたものであり、《間接行動》の原型である。自由主義とは、公権が万能であるにもかかわらず、公権自体を制限する政治的権利の原則であり、また、公権と同様に、つまり、最強者、多数者と同様には考えず、また感じもしない人々も生きていくことができるように、公権の支配する国家のなかに、たとえ犠牲を払ってでも、余地を残しておくことに努める政治的権利の原則である。

自由主義は――今日、次のことを想起するのはたいせつなことだ――最高に寛大な制度である。なぜならば、それは多数派が少数派に認める権利だからであり、だからこそ、地球上にこだましたもっとも高貴な叫びである。それは、敵と、それどころか、弱い敵と共存する決意を宣言する。人間という種族が、これほど美しい、これほど逆説的な、これほど優雅な、これほど軽業に似た、これほど反自然的なことを思いついたとは、信じがたいことだ。だからこそ、この同じ種族がじきにそれを捨ててしまおうと決意したからといって、驚いてはならないのである。この地上で確立するには、これはあまりに困難で複雑な制度である。

敵とともに生きる！　反対者とともに統治する！　こんな気持のやさしさは、もう理解しがたくなりはじめていないだろうか。反対者の存在する国がしだいに減りつつあるという事実ほど、今日の横顔をはっきりと示しているものはない。ほとんどすべての国で、一つの同質の大衆が公権を牛耳り、反対党を押しつぶし、絶滅させている。大衆は――団結した多数のこの人間たちを見たとき、とてもそんなふうに見えないが――大衆でないものとの共存を望まない。大衆でないすべてのものを死ぬほど嫌っている。

〔1〕何度も私は次の質問を考えてみた。むかしから多くの人にとって、人生でとても辛い悩みの一つは、他人の愚行に接し、これに巻きこまれることであったにちがいない。それなのに、それに関する研究、つまり愚行に関するエッセイを書く試みが――私の見たところでは――一度もなされていないなどということが、どうしてありうるのだろう？

〔2〕この問題をごまかそうとしてはいけない。意見をもつということは、すべて理論化することである。

〔3〕われわれと議論するさいに、真理に身を捧げることに興味がなく、誠実でありたいという意志をもっていなければ、その人は知性の面で野蛮人である。じっさい、これが、大衆的人間が日ごろしゃべったり、講演したり、書いたりするときの態度である。

（1）ドン・キホーテのいったことば。

（2）*razón.*「理由」の意味もある。

（3）*ultima ratio.* 普通「最後の手段」と訳す。しかし本来の意味は、「最後の理性」「最後の議論」の意。

（4）*civilización.*

（5）*civis.*

9　原始性と技術

われわれは、本質的に曖昧な一つの状況——今日の状況——にメスを入れているのだということを、ここで再確認する必要がある。曖昧だからこそ、はじめに、今日のすべての現象、とくに大衆の反逆は二つの面をもっていることをほのめかしたのである。今日の現象はどれをとっても、有利にも不利にもとれる二重の解釈を許容するだけでなく、むしろそれを要求するのである。しかも、この両義性はわれわれの判断にあるのではなく、現実そのもののなかにある。一方から見るとよく見え、他の側から見ると悪く見えるというのではなく、今日の状況はそれ自体、勝利と死という二つの可能性をはらんでいるのである。

私は、この論文に歴史哲学を盛りこむつもりはない。しかし、私がいろいろな機会にはっきりと、あるいはそれとなく述べてきた哲学的信念の土台の上に、この論文を築きつつあることはもちろんである。私は、絶対的な歴史決定論を信じない。それどころか、すべての生は、したがって歴史の生もまた、純粋な瞬間の連続からなりたっているものであり、それぞれの瞬間は、相対的に見て、それ以前の瞬間によって決定されるものではないと考える。そこで、じっさいの生は、一瞬ごとにためらい、同じ場所で足踏みし、いくつもの可能性のなかのどれに決定すべきか迷っている。この形而上的《けいじじょう》ためらいが、生と関係のあるすべてのものに、不安と戦慄《せんりつ》という、まぎれもない特徴を与えるのである。

大衆の反逆は、じっさいに、人類の新しい、前例のない組織への移行でもありうるが、同様に、人類の運命の破局でもありうる。進歩しているという現実を否定する理由はないが、この進歩が保証されているという考えは、訂正しなければならない。退化や後退によっておびやかされないような進化とか、安全な進歩はないと考えるほうが、事実にかなっている。歴史においては、なにもかもすべてが可能である――勝ち誇った無限の進歩もあれば、周期的な退歩もある。というのは、個体であろうと集団であろうと、また人の一生であろうと歴史であろうと、生というものは、宇宙のなかで本質的に危険な唯一の実体だからである。生は、有為転変からなりたっている。厳密にいえば、それはドラマである。[1]

以上のことは、普遍的に真理であるが、今日のような《危機の時代》においては、ますます強烈な様相を帯びるようになる。だから、現実の大衆支配のもとに現われはじめている危険な兆候、つまり、われわれが《直接行動》という名称で一括した新しい行動の兆候は、未来の世界が完全になることを予告しているのかもしれない。あらゆる古い文化が、老廃した組織や少なからぬ角質化した部分など、生を阻害する有毒な成分をひきずって歩いていることは、明らかである。死んでしまった制度、生き残ってはいるがもはや意味のない価値や尊敬、不当に複雑な解決法、具体性をなくしたことが証明ずみの規範などがある。間接行動の、つまり文明のこのようなすべての要素は、万事が単純化する時代を熱烈に求めている。ロマン主義時代のフロック・コートや胸当ては、現代の部屋着や《シャツ裸》による復讐《ふくしゅう》を求めている。この場合には、単純化は衛生的でよい趣味である。だからこの単純化は、少ない手段でより多くのものを得られるという点で、よりよい解決法でもある。ロマン主義の愛の樹木もまた、枝にくっつけた偽りの花を切りおとし、交錯しねじれた枝やかずらから解放し、十分に陽があたるように剪定《せんてい》してやる必要があったのである。

一般的にいって、社会生活、とくに政治は、早急に真実の姿にもどることを必要としていた。ヨーロッパの人々は、もし裸にならなければ、つまり、本来の自分にかえるまで、自分自身と一体となるまでよけいなものを捨てて身を軽くしなければ、楽観論者が要求しているようなばねのきいた跳躍をしてみせることはできないだろう。裸になり、本来の姿にもどるというこの努力にたいして私の感じている情熱と、価値ある未来への道へ飛びこむことが不可避であるという意識とによって、私は過去全体をまえにして、完全な発想の自由を回復することができるのである。過去を支配すべきは未来であり、未来からわれわれは、過去にふまえたわれわれの行動にたいする命令を受けるのである。[2]

しかし、十九世紀を指導した人々の最大の罪を、ふたたび犯してはならない。その罪とは、かれらが、責任感の不足のため、つねに緊張し身構えていることができなかったことである。いろいろな出来事の流れのなかに現われる有利な側面によりかかって、どんなに陽気な時代にもある危険や悪い面に無感覚であるのは、まさに、責任ある人に課せられた使命にもとることである。責任を感ずる能力のある人たちに、責任について鋭敏な感覚を呼びおこすことが、今日では必要である。なかでももっとも緊急なのは、現在の病のさまざまな兆候のなかで、明白に不吉な面を強調することである。

われわれの社会生活を診断するためにいろいろな要素を秤《はかり》にかけて、現在よりも、むしろそれらの要素が予告し約束している未来を考えて計算すれば、利点よりも不利な要素がはるかに重いことは疑いえない。

生が、ヨーロッパの運命のなかに現われてきたさらに恐るべき問題に直面するとき、それがいままでに経験してきたような具体的な可能性の増大は、すべて無に帰してしまう危険がある。まえにいったことを、ここでもう一度要約すると、その恐るべき問題とは、社会の主導権が文明の諸原理に全然関心のないタイプの人間に握られたということだ。文明の、ある特定の原理に関心がないというのではなく、——今日判断しうるかぎりにおいて——文明のいっさいの原理に興味がないのである。

かれらが麻酔薬や自動車、そのほかいくつかのものに興味をもっていることはたしかである。

しかし、このことは、むしろ文明にたいする根本的な無関心を裏書きしている。というのは、それらのものは、たんなる文明の産物であるにすぎず、かれらがこれに夢中になればなるほど、いっそうなまなましく、それを生んだ諸原理にたいする無感覚を浮き彫りにするからである。このことをはっきりさせるには、次の事実を指摘すれば十分であろう。

すなわち、新しい学問である自然科学が生まれてからこのかた——つまり、ルネサンス以来——、この学問にたいする関心は、時代とともに上昇の一途をたどってきた。もっと具体的にいうと、自然科学の純粋な研究に従事する人の比率は、時代とともにふえたのである。その人々の減った——繰り返していうが、全人口にたいするその人々の比率の減少である——最初の例は、現在の二十代から三十代の若者においてである。純粋科学の研究室は、学生にとって魅力を失いはじめている。しかもその現象は、産業が最高の発達を示している時代、科学によってつくられた道具や薬を使うことに人々が最大の欲望を示している時代に起こっているのである。

あまりに冗長になるからこれ以上例をあげるのはよすが、政治でも芸術でも道徳でも宗教でも生活の日常茶飯事でも、これに似た不合理な現象を指摘することができるだろう。

これほど逆説的な状況は、そもそもなにを意味しているのだろうか。私は、この論文のなかで、この質問にたいする答えを用意したつもりである。つまり、今日の有力な人間は原始人であり、文明世界のなかに現われつつある自然人だ、ということを意味しているのだ。世界は文明化しているのだが、そこに住んでいる人間は未開人である。かれらは、自分たちの世界のなかにある文明を見つめる気さえなく、文明を、あたかも自然物であるかのように扱っている。新しい人間は、自動車をほしがり、これをエンジョイしているが、自動車はエデンの園の木になった自然な果実であると思っている。文明が信じがたいほどの人工的な性格をもっていることを心の底では理解してもいないし、自分の情熱を、文明の生んだ道具から、このような道具をつくりだすことのできた原理にまで向けようとはしないだろう。まえに、ラーテナウのことばを引用して、われわれは《野蛮人の垂直的侵入》を目撃しているところだといったとき、それはたんなる《警句》にすぎないと、読者は判断したかもしれない。また、人はそんなふうに考えるのが普通である。しかしいまや、その表現が真相をついているか否かはともかくとして、これは《警句》などというものではないこと、つまり、一つの複雑な分析を煮つめた、きちっとした定義であることがわかった。じつに現代の大衆的人間は、じっさいに原始人であって、この原始人が文明の古い舞台のなかに書割からすべりこんできたのである。

このごろ、技術の驚くべき進歩がつねに話題にされているが、その場合に、人々がまことに劇的な技術の将来性について意識して語っているとは思えない。きわめてすぐれた人でも同様である。あれほど鋭敏で深奥なシュペングラーでさえも――もっとも、かれは非常に偏執狂的でもあるが――、この点ではあまりに楽観的であるように見える。なぜかというと、かれは《文化》のあとに《文明》の時代が続くと信じ、この文明という語でとくに技術を意味させているからである。

シュペングラーが《文化》や歴史一般についていだいている思想は、この論文で提起されている思想とあまりに違うので、たとえかれの結論を修正するためにせよ、ここにかれの結論を引合いに出すことは容易でないのである。両者の見解の最大公約数を求めるために、相互の隔たりや細部の違いを無視することによってはじめて、次のように両者の相違点をはっきりさせることができるだろう。

シュペングラーは、文化の諸原理にたいする関心が死にたえたあとでも技術は生きつづきうる、と信じている。私はそんなことを信ずる気になれない。技術は科学と不離一体のものであり、科学は、その純粋な姿に、つまり科学それ自身に、人々の興味がなくなれば、存在しなくなるし、もしも人々が文化の一般的諸原理に情熱をいだきつづけなければ、科学への興味はなくなるのである。

この情熱がもしも鈍磨したら——じっさいにそうなりそうだが——、技術は、ほんのわずかな期間だけ、つまり技術を創造した文化的刺激の惰性が続いているあいだだけしか、生きのびることができない。人は技術を用いて生きるが、技術によって生きるのではない。技術は、自分自身に栄養を与え息を吹きこむのではない。技術は、自分の力だけで自分をはぐくみ育てるものではなく、非実利的で非実際的な関心が生みだした、実利的で実際的な果実である。[3]

さてここで、技術に関する今日の関心は、技術の進歩それ自体や技術の存続について、なに一つ保証していないことを、はっきり申しあげたい。技術万能主義を、《近代文化》の、すなわち、物質的に応用できることのわかった科学の分野を含む今日の文化の典型的な特色であると考えるのは結構である。だからこそ、十九世紀に根をおろした生のもっとも新しい横顔を素描するのに、私は自由民主主義と技術という、二つの特徴だけをあげたのである。[4]

けれども、繰り返していうが、人々が技術を語るさいに、技術の心臓は純粋科学であり、それを生かしつづける条件は、純粋の科学的訓練を可能にする条件を前提としているのだということを、いとも簡単に忘却しているのに私は驚くのである。真の《科学者》が永久に存在するために、精神のなかにどんなものが生きつづけなければならないかを、人々は考えたことがあるだろうか。ドルがあるあいだは科学があるなどと、本気で考えられるだろうか。多くの人がそう思って安心しきっているこの考えこそ、かれらが原始的であることを証明するもう一つの例にほかならない。

相互に無関係な要素をたくさん集め、シェーカーに入れて振ってみても、とても物理・化学というカクテルがつくれるわけはない。物理・化学の形成という問題を大雑把に考えただけでも、広い世界のなかで、また長い歴史のなかで、この学問は、ロンドン、ベルリン、ウィーン、パリを結ぶ小さな四角形のなかだけで創造され確立されたのだ、というきわめて明らかな事実がはっきりしてくる。しかもこの四角形のなかでも、十九世紀だけにそれはつくられたのである。このことは、実験科学は歴史のなかでつくられる蓋然《がいぜん》性のきわめて低い産物の一つであることを示している。呪術師、神官、戦士、牧者などは、いつどこにもたくさんいた。しかしこの実験する人間の種族が生まれるためには、一角獣を生みだすよりも異常な諸条件の組合せが必要であるように見える。これほどまれな可能性の少ない事実を見ると、科学的霊感というのは、まったく揮発性で、とらえがたい性格をもっている、と考えずにはいられないだろう。⑤ヨーロッパが万一消滅しても、北アメリカ人が科学を存続させるだろうと信じているような人は、どこかおかしいのである。

この問題を深く掘りさげて、実験科学を、ひいては技術を生みだした生の歴史的条件はなんであるかを精密に分析することが、きわめて重要であると思われる。しかし、問題が明らかになったからといって、大衆的人間がそれを了解するなどと期待しないでほしい。大衆的人間には、理論的考察を尊重する気持はない。かれらは、自己の肉体のなかでしか学びえないのである。

いま述べた話は、理論的考察に基づいているから微妙にならざるをえないのだが、このような説教の効果について、幻想をいだくのをはばかる理由が一つある。その理由とは、今日の状況のなかで、平均人が、人から説教されなくとも、当然、物理、化学や、その同類である生物学に、大きな情熱を感じそうなものだが、そうでないということである。これはあまりに不合理ではないだろうか。現状はいったいどうなっているのかを、ちょっと考えてみてほしい。

文化の他のすべての側面——政治、芸術、社会的規範、さらに道徳そのものまで——が疑問視されているなかで、ただ一つ疑問をさしはさむ余地のないきわめて妥当な仕方で大衆的人間に感銘を与え、日ごとにそのすばらしい効用を証明しているものがある。それは実験科学である。毎日のように、新しい発明が行なわれ、平均人がそれを利用する。毎日のように、新しい鎮痛剤やワクチンをつくりだし、平均人にその恩恵を与えている。もし、科学的霊感がなくならないかぎり、実験室を三倍に、十倍にふやせば、富、生活用品、健康、福祉が自然に増加するであろうことを、だれでも知っている。

生の原理にとって、これ以上に驚くべき、文句のつけようのない宣伝が考えられるだろうか。それにもかかわらず、科学を振興するために、金銭的犠牲を払い、科学をだいじにしようという素振りが大衆たちのあいだに見られないのは、いったいどうしたことだろう。それどころではない。第一次大戦の戦後時代は、科学者を、社会の新しい賤民《せんみん》に変えてしまったのである。

しかし、私はここで、物理学者、化学者、生物学者についていっているのであって、哲学者のことではないという点は、はっきりさせておきたい。哲学は、大衆の保護も注目も同情も必要としない。完全に非実用性の側面をたいせつにし、[6]それによって平均人への屈従からまったくまぬがれている。哲学はその本質において問題をはらんでいることを知り、神様の鳥としての自由な運命を陽気に胸にいだいて、自分を気にかけてくれとはだれにも頼まず、自己宣伝することも自己弁護することもない。

　もしもだれかが哲学をうまく利用すれば、哲学者はたんなる人間的共感からそれを喜ぶけれども、なにも他人に役だつために生きているのではなく、そんなことを予想もしなければ期待もしない。哲学とは、それが自分の存在を疑うところからはじまり、自分自身と戦い、自分の命をすりへらしながら生きる以外生きる道がないものだとすれば、人がそれを真剣にとりあげてくれるようにと要求するわけがあろうか。だから、哲学のことは、しばらく措《お》こう。それは、別の次元の問題だから。

　しかし、実験科学は大衆を必要とする。物理、化学がなければ、地球は今日存在する人口を維持できないのであるから、大衆も同様に、命がけで物理、化学を必要としている。

　これらの人間が乗りまわしている自動車や、痛みを奇跡的に鎮めるパントポン剤の注射で得られないものを、どんな理論がもたらしてくれるというのか。科学が人々に与える不断の明白な恩恵と、科学にたいして人々が示す関心とのあいだの食い違いはあまりにひどいので、こんなふうに行動している人間について、われわれが自分をあざむいてむなしく希望をもったり、野蛮状態以外のものを期待したりできるわけがない。ことにやがて見るように、科学それ自体にたいする関心のなさがおそらくもっとも明白に認められるのは、あの技術屋——医者、技師等々の——という大衆なのだからどうしようもない。この連中が自分の職業に従事しているときの精神状態は、自動車を運転したり、アスピリンのチューブを買うことで満足している手合いと比べて、本質において同じであって、科学や文明の運命との緊密な連帯感をいささかももちあわせていない。

急に目だってきた野蛮な兆候のなかには、もっと積極的な、つまり、受身ではなく行動的な性格のために、もっと人目につきやすく、はでな光景を現出するものがある。このような兆候を見て、恐怖を覚える人もあるだろう。しかし、私にとってもっとも恐ろしいのは、平均人が科学から受ける恩恵と、科学に捧げる——むしろ捧げない——感謝とのあいだの不均衡である。⑺ アフリカの奥地で、黒人たちがやはり自動車を走らせアスピリンを飲んでいるということを思えば、しかるべき感謝の念が欠如しているという事実を、私自身にうまく説明することができるのである。ヨーロッパで支配的になりはじめた——これは私の仮説である——人間は、かれらを生んだ複雑な文化に比べれば、原始人であり、迫《せ》り出しから現われでた野蛮人であり、《垂直的侵入者》であるといえるだろう。

〔1〕この表現を本気で受けとる人はほとんどないだろうし、もっとも善意に考える人でも、これを、たんなる、おそらく感動的な比喩であると理解するだろうことはいうまでもない。ただわずかに、生とはなんであるか、少なくとも生とはなんでないかを、はっきり知っているなどと信じないほどの素朴な読者だけが、私の言い方の主要な意味を肯定するだろうが、まさにその人こそ、この表現——それ

が真実であるか虚偽であるかは別として——を理解する人である。それ以外の人々のあいだでも熱烈な意見の一致が見られる考えがあるだろうが、それは次の点で異なっている。その人たちは、まじめにいって、生とは心の実存の過程であると考えるか、生とは化学的反応の持続であると考えるか、そのどちらかであろう。生ということばの根本的、第一義的な意味は、生物学（*biologia*）でなく、生の記述（*biografia*）の意味でそれを使うときに現われるのだ、というふうに表現することによって要約しても、すっかり心の閉ざされた読者たちをまえにした私の立場がよくなるとは思わない。すべての生物学は、結局のところ、いくつかの生の記録の一つの章であるにすぎないという強い理由によって、生物学者が彼の記録しうる〔*biografiable*〕生においてなしたものである。その他のことは抽象であり、幻想であり、神話である。

〔2〕過去をまえにしてこのように行動する自由は、したがって、性急な反逆ではなく、逆に、《危機の時代》の課する明白な義務である。私が、十九世紀自由主義を仮借なく攻撃する大衆からそれを守るからといって、それは、自由主義自体をまえにして、私が完全な自由を拒否することを意味しない。逆にいえば、このエッセイのなかで、最悪の容貌を現わす原始主義は、他方において、またある意味において、歴史の大きな飛躍にとってつねに必要な条件ともなる。かなりまえに書いたものだが、「野蛮主義の逆説」という論文のなかでこのことを扱ったから、参照されたい〔『観察者』第三巻、『生物学と教育』所収〕。

〔3〕だからこそ、私の判断では、《技術》でもって北アメリカを定義することによって、なにかを述べたと信じている人は、なにもいっていないのと同様であると思われる。ヨーロッパの意識をもっとも手ひどく乱している原因の一つは、北アメリカに関する一連の子供じみた判断、もっとも教養のある

人でももっている奇妙な判断である。これは、のちに記すように、現代の諸問題の複雑性と、人間の頭脳の容量とのあいだの不釣合いを示す、うってつけの例である。

〔4〕厳密には、自由民主主義と技術とは、相互に、きわめて密接に意味を補いあっているので、一方がなければ、他方は考えられない。だから、両者を一言で表わす第三の、もっと包括的な名前がほしいわけである。そのことばは、前世紀（十九世紀）を象徴する真の名称となるだろう。

〔5〕もっと立ちいった次の問題について、ここでは話さないことにする。それは現在、研究者の大部分も、今日の科学をおびやかす危険きわまりない重大な内的危険について、いささかの疑念ももちあわせていないという点である。

〔6〕アリストテレス『形而上学』八九三a・一〇。

〔7〕まえに指摘したように、他のすべての生の諸原理——政治、法律、芸術、道徳、宗教——が、じっさいそれ自体からして、危機に、少なくとも一時的な失敗に、直面しているという事実は、この恐怖を百層倍する。科学だけは、失敗しないばかりか、それが約束したことを、いや約束した以上のことを、毎日果たしつつある。だから競争はないのであって、平均人が、文化のなにか別のことに熱情をもったためにうっかりしたのだなどと考えて、かれらが科学から離反する罪を許すわけにはいかない。

10　原始性と歴史

自然はつねにそこにある。それは自給自足である。自然のなか、ジャングルのなかにいれば、われわれは天下晴れて未開人でいられる。未開人でない人間がやってくる危険さえなければ、われわれは永遠に未開人のままでいよう、と決意することもできる。しかし、原理的にいって、永遠に原始的な状態にある民族も考えられる。それは、事実、存在する。つまり、ブライジッヒ①が《永遠に曙《あけぼの》の民族》と呼んだものであって、真昼のほうへと進むことのない、不動の、凍結された暁のなかに停滞している民族である。

これは、自然のままの世界にのみ起こる。しかし、われわれの世界のような文明の世界では起こらない。文明はそこにあるのではなく、文明は自給自足ではない。それは人工的なもの②であるから、芸術家③や職人④を必要とする。もしあなたが、文明の恩恵にあずかりたいと思っているのに、文明を支える配慮をしなければ……、あなたは窮地に陥る。たちまちにして、あなたは文明をなくしてしまう。ちょっとでも注意を怠れば、まわりを見ると、なにもかも蒸発してしまっているる！　純粋の自然をおおいかくしていた幕を切って落としたかのように、また原始林が鬱蒼《うっそう》と繁茂する。密林は、つねに原始である。そして、逆もまた真である。原始的なものはすべて密林である。

あらゆる時代のロマン主義者たちは、自然のなかで人間以下の生物が白い女人を押えつける辱しめの光景に夢中になった。ふるえながらレダをいだく白鳥を描き、またパシパエと通ずる牡牛《おうし》や、山羊《やぎ》の下に横たわるアンティオペを描いた。これを一般化すれば、文明を示す幾何学形の石が、野生の植物の抱擁のもとに窒息している遺跡の光景を、微妙にもみだらなものと見たのである。ひとりのロマン主義者がある建物を眺めるとき、かれの目が最初に求めるものは、露台や屋根の上に茂る《黄色の野芥子《のからし》》である。要するにこの植物は、すべては土であり、どこにも新たに密林が生い繁ることを物語っているのである。

ロマン主義者を嘲笑《ちょうしょう》するのは、愚かであろう。ロマン主義者もまたそれなりの理屈をもっているのだ。あけっぴろげで退廃的な光景のなかに、巨大な永遠の問題が脈うっている。つまり、文明とその背後に残ったもの――自然――とのあいだの、合理性と宇宙性とのあいだの関係の問題である。この問題を他の機会に扱う権利を留保し、ほどよいときに私自身もロマン主義者となる自由をここで予約しておくとしよう。

しかし、いまはそれと逆の仕事で忙しいのだ。問題は、密林が侵入してくるのを喰いとめることだ。紅粉いちじくが土地を占領し、人間を海に追いだしはしないか、ということがオーストラリア諸州の憂慮の種となっているが、《よきヨーロッパ人》は、これと同じような問題の解決に身を捧げなくてはならない。一八四〇年代に、ヨーロッパ南部からの移民のひとりが、自分の故郷——マラガだろうか、シチリアだろうか——の風景をなつかしんで、一鉢のつまらぬ紅粉いちじくをもっていった。その結果、今日、大洋州の予算は、大陸に侵入して毎年一キロ以上の土地を占めていく紅粉いちじくにたいする戦いに、たいそうな額をさいている。

大衆的人間は、自分がそのなかで生まれた文明、自分が利用している文明を、自然界のように、自然発生的であり、ひとりでに生じたものだと思っている。そして、まさにその事実によって、かれらは原始人になってしまう。かれらにとって、文明は密林のように見えるのである。それはもうまえに述べたことだが、ここでもっと正確にする必要がある。

文明の世界——われわれが維持していかなくてはならないのは、この文明世界である——を支えている諸原理は、現代の平均人にとっては存在しないも同様である。かれは文化の基本的な諸価値に興味をもたず、その価値を守ろうとする共同の責任感もなく、そのために奉仕する心構えもない。どうしてこういうことになったのだろうか。たくさんの原因があるが、いまは一つだけ指摘しよう。

文明は、進歩すればするほど複雑になりむずかしくなる。今日、文明の提出している問題は、ものすごくこみいっている。それらの問題を理解しうるほど知能の発達している人の数は、日一日と少なくなる。第一次大戦後の時代は、それについて、きわめてはっきりした例を提供している。ヨーロッパの再建は——いまわれわれがそれを目撃しつつあるように——あまりに複雑な問題であるので、凡庸なヨーロッパ人は、これほどむずかしい事業には能力がたりないことを暴露している。解決のための手段が不足しているのではない。頭脳が不足しているのだ。もっと正確にいえば、少ないながらいくつかの頭脳があることはあるが、中央ヨーロッパという凡庸な身体は、肩の上にそれを乗せることを欲しないのだ。

問題の複雑微妙さと知能とのあいだのこの不釣合いは、もしなんらかの対策を講じなければ、しだいに大きくなり、文明の根本的な悲劇となる。文明を形成する諸原理は豊饒であり確実であるために、その実りは量においても精密さにおいても増大して、ついに普通の人間の受容量を凌駕《りょうが》してしまうのである。こんなことは過去には一度も起きたことがない、と私は思う。過去のすべての文明は、その原理の不十分なために滅亡した。しかし、いまのヨーロッパ文明は、逆の理由で滅びようとしている。ギリシアとローマでは、人間が失敗したのではなく、原理が失敗したのである。ローマ帝国は、技術の不足によって瓦解《がかい》した。膨大な人口がある限度に達し、この大きな社会が、技術によってのみ救いうる物質的緊急事態の解決を強いられたとき、古代世界は退化し、後退し、消滅しはじめたのである。

しかし、今日では、人間が自分たちの文明自体の進歩についていけないで失敗しているのである。比較的教養のある人が今日のもっとも根本的な問題について話しているのを聞くと、慄然《りつぜん》とする。それはまるで、不器用な太い指で机の上の針を拾おうとしている粗野な農夫に似ている。たとえば、かれらが今日の政治や社会の問題を扱う場合に武器として用いる概念は、いまと比べれば二百分の一の複雑さしかもたない二百年まえの事態に対処するのに役だった鈍重な概念なのである。

進歩した文明とは、困難な問題をかかえた文明にほかならない。だからこそ文明は、進歩すればするほど、それだけ危険な状態になるわけだ。生は、ますますすぐれたものとなるが、明らかにますます複雑になってくる。問題が複雑になると、それを解決する手段もまた精密になってくることは、当然である。しかし、新たな世代がそれぞれに、進歩した手段を獲得しなければならない。この手段のなかには――少し具体的にいうと――文明の進歩にそのまま結びついた一つの手段がある。それは、その背後にたくさんの過去を、たくさんの経験をもつことである。つまりその手段とは、歴史を知ることである。

歴史の知識は、老いた文明を維持し、継承するための第一級の技術である。それが生の葛藤《かっとう》の新しい側面――生はつねに以前の生とは異なっているから、いつも新しいわけだ――に積極的な解決を与えるからではなく、以前の時代の素朴な過ちを繰り返すことを避けるからである。

もしあなたが年をとり、そのためにあなたの生が困難になりはじめただけでなく、過去の記憶を失ってしまい、かつての経験を活用できないとすれば、結局なにもかも不利になる。私は、これがヨーロッパの現状だと信じている。

今日、もっとも《教養のある》人でも、信じがたいほど歴史に無知である。今日の指導的なヨーロッパ人は、十八世紀や十七世紀の人に比べて、歴史をはるかに知らないと私はあえて主張する。少数の支配者――広い意味での支配者のことだが――のもっていたすぐれた歴史上の知識が、十九世紀の豊饒な進歩を可能にしたのである。

十九世紀の政治は、まさに過去の政治全体の誤謬を避けるために――十八世紀に――考えられ、それらの誤謬を念頭に置いて考案されたものであり、政治の実体のなかにきわめて長い経験が要約されているのだ。とはいえ、十九世紀には、科学としての歴史学は、専門家によって大きな発展を遂げたが、《歴史的文化》は、すでに失われはじめた。[1] 今日のわれわれをも圧迫している十九世紀特有の誤謬の大部分は、その歴史的文化の放棄に基づく。十九世紀も終わりの三分の一の年代には、――まだ表面には現われなかったが――退化というか、野蛮状態への後退、すなわち過去をもたない、あるいは過去を忘れた人間の無邪気さと原始性への後退がはじまった。

だからこそ、ヨーロッパとその隣接地域でなされている二つの《新しい》政治的試み、つまり、ボルシェヴィズムとファシズムは、本質的な後退の二つの明白な事例となる。

私が後退だというのは、かならずしも教養の内容についていっているのではない。教養それ自体をとりあげてみれば、当然、幾分かの真理を含んでいる――世界で少しも真理をもっていないものはありえない。後退とは、むしろ、かれらが自分たちの真理を論証しようとするときの反歴史的で時代錯誤の方法についていっているのである。大衆的人間の典型的な行動は、凡庸で、時代に合致せず、古い記憶がなく、《歴史意識》もない人間に指導されるのがつねであるが、かれらは、はじめから、まるでなにもかも過ぎたことのように、いま起こりつつあることがまるで過去の時代に属することであるかのように、行動するのである。

問題は、共産主義者、ボルシェヴィキになるかならないかということではない。私は、綱領について議論しているのではない。時代錯誤であって了解しかねるのは、一九一七年にかれらが革命に身を投じたとき、その形式は以前にあった革命と同一であり、以前の革命の欠陥や誤謬を全然改めなかったことである。だから、ロシアで起こったことは、歴史的に興味がないのである。厳密な意味で、それは人間的な生のはじまりとは逆なのである。それはまさに、以前の革命の単調な反復であり、過去の革命の完全な焼き直しである。人間の長年の経験によって革命についていわれたさまざまな決まり文句のなかで、このロシア革命にあてはまらないものは残念ながら一つもない、という程度にひどいのである。

《革命は革命自身の生んだ子まで呑《の》みこんでしまう》《革命は穏健な党によってはじめられ、ただちに過激主義者の手に移り、たちまち復古主義に後退する》などはその例である。このようなありふれた言い回しに、それほど有名ではないが、同様に真相をついている句をいくつもつけ加えることができよう。たとえば、革命は十五年以上は続かない、というのもその一つであって、いいかえれば、革命が一世代の活動期間しか続かないということである。(2)

社会的あるいは政治的に新たな現実を創造しようと、本当に野心をもつ人は、なによりもまず、いま述べたような歴史的経験から生まれたごくつまらない常套句《じょうとう》を、かれの創造する新しい状況によって、無意味なものにするように心がけなければならない。ある政治家が活動しはじめるやいなや、大学の歴史の先生たちが、自分の学問の《法則》がすべて無効になり、分断され、粉みじんになるのを見て気が違いはじめるとしよう。そのような政治家のために、天才という称号を、私は保留しておきたい。

ボルシェヴィズムの場合の符号を逆にすれば、ファシズムについても似たことがいえるだろう。そのどちらの試みも、《時代の高さ》を登りつめていない。過去全体を圧縮して自分のなかにとりいれることが、過去全体を凌駕するための不可欠な条件であるにもかかわらず、それをやらない。われわれが過去と身体をぶつけあって戦うわけにはいかない。未来が過去に勝つのは、過去を呑みこんでしまうからである。もし過去のあるものを呑みこまずに残しておけば、未来の負けである。

その両者――ボルシェヴィズムとファシズム――は、二つの偽りの夜明けである。明日の朝をもたらすのではなく、何度も経験された昔日の朝をもたらすのである。それらは、原始主義なのである。過去のすべてを消化する方向をとらずに、その一部分と格闘をはじめるような単純さに陥る運動はすべて、同様であろう。

われわれが十九世紀の自由主義を乗りこえる必要があることは疑う余地がない。ところが、それはまさに、ファシストのように反自由主義を宣言する人間にはできないことである。なぜならば、それは——つまり、反自由あるいは非自由主義は——自由主義以前の人間のとっていた態度だからである。自由主義が一度、反または非自由主義に打ち克った以上、今後も自由主義の勝利が繰り返されるか、あるいは、すべては——つまり自由主義と反自由主義は——ヨーロッパの壊滅とともに終わるであろう。どうしようもない生の時間的順序というものがある。自由主義は、反自由主義よりもあとに来るのである。これは、ちょうどあとで発明された大砲が槍《やり》よりももっとすぐれた武器であるように、自由主義は非自由主義よりもすぐれた生であるということを意味する。

ちょっと見ると、反何々という態度は、その何々よりもあとに来るように思われる。というのは、そのような態度は、なにかにたいする反作用を意味しており、それ以前になにかがあったことを前提としているからである。しかし、この反が代表する改革は、うつろな否定の動作に終わってしまい、その積極的な内容としてあとに残されるものは、一つの《古物》にすぎない。かりにだれかが反ペドロを宣言するとすれば、その態度を肯定的な表現でいいかえてみると、かれはペドロの存在しない世界の党派に属すると宣言しているにすぎない。

しかし、ペドロの存在しない世界とは、これはまさに、ペドロがまだ生まれていなかった世界のことである。反ペドロ主義者は、ペドロのあとに身を置く代わりに、そのまえに位置する。かれは映画のフィルムを過去の状態に向かって巻きかえすのだが、これを映してみれば、映画の終わりには容赦なく、ペドロがまた現われるのである。

したがって、これらすべての反に起こることは、伝説の伝える孔子の身に起こったことと同じである。孔子は、いうまでもなく、父よりもあとに生まれた[5]。しかし、なんたることか、かれが生まれたときは八十歳で、そのとき父はやっと三十歳になったところだった。すべての反は、たんなる空虚な否にすぎない。

ただ否というだけでわれわれが過去をあっさりと抹殺することができれば、問題はすべてきわめて簡単だろう。しかし、過去は、その本質からいって、現在の世にもどってくる亡霊なのである。いくら投げ捨てても、それは性こりもなくもどってくる。だから、ただ一つ過去を超越する方法は、それを捨てないことである。いいかえれば、それを考慮に入れることである。それを避け、よけるために、それに目を配りながら行動することである。要するに、歴史的現状に過敏な意識をもちつつ、《時代の高さ》に生きることである。

過去はそれなりの正当な理由をもっている。過去は、みずからがもっている理由が認められなければ、認めるよう何度でも要求するだろうし、ついでに、もってもいない正当性まで押しつけようとするだろう。自由主義もある正当性をもっていたし、その正当性は、いつの時代でも認めなければならない。しかし、それはなにからなにまで正当だったのではないから、正当でない点は拒否しなくてはならない。ヨーロッパは、その自由主義の本質を維持しなければならない。これこそ、自由主義を乗りこえる条件である。

この章でファシズムとボルシェヴィズムの話をしたけれども、問題を正面きってとりあげたのではなく、ただそれらの時代錯誤の面だけに注目した。私の意見では、この時代錯誤という点が、今日凱歌《がいか》をあげているように見えるすべてのものと、切っても切れぬ関係がある。なぜならば、今日では、凱歌をあげているのは大衆的人間であり、それゆえに、かれらによって形を与えられ、かれらの原始性で充満した計画だけが、見かけ上の勝利を祝っているのである。

しかし、ファシズムとボルシェヴィズムについての議論はここでやめて、これ以上、両者の内容をも議論しないことにする。というのは、革命と進化のあいだにある永遠のディレンマを解消する意図を、私はもっていないからである。この論文で私があえて主張しようとしている最大のことは、革命あるいは進化は歴史的現象であってもらいたい、時代錯誤であってはならない、ということである。

この論文で私が追求している命題は、政治的には中立である。というのは、私の命題は、政治や政治的葛藤よりもずっと深層の問題だからである。急進主義者も保守主義者も、大衆である点に変わりはない。相違があるとしても――いつの時代でも両者の差はきわめて表面的なものであるが――、それは両者が凡庸な反逆者であることを少しもさまたげない。

ヨーロッパの運命が、真の《同時代者》、自分の足下に歴史的地殻全体が鼓動しているのを感じ、今日における生の高さをわきまえ、古代的で野蛮なすべての動きを嫌う人々にゆだねられなければ、ヨーロッパに救いはない。歴史から逃れ、そのなかに落ちこまないことができるかどうかを見るためには、歴史全体を必要とする。

〔1〕ここに、ある時代の諸科学の状態と文化の状態の違いを見るわけだが、それについてはやがて考えることにしよう。

〔2〕一世代の活動する時期は、ほぼ三十年である。しかし、この活動は、二段階に分かれ、二つの形態をもつ。だいたい活動期の最初の半分は、新世代が、その観念、偏愛、嗜好《しこう》などを宣伝し、結局、あとの半期にそれが効力をもち、支配的になるのである。しかし、この人々の支配のもとに教育された世代は、また別の観念、偏愛、嗜好をもつようになり、これを世間に注入しはじめる。支配している世代の観念、偏愛、嗜好が過激であり、したがって革命的であると、新しい世代は反過激派で反革命的になり、いってみれば、実質的には復古的な気持をもつようになる。復古ということばで《むかしにもどること》だけを了解してはならないのは当然である。復古 ***restauración*** 〔再建〕がそうであったことは一度もない。

（1） Kurt Breisig. 一八六六～一九四〇。ドイツの歴史家、歴史哲学者。
（2） *artificio.*
（3） *artista.*
（4） *artesano.*
（5） 老子は八十一歳で生まれたという伝説があるが、それを孔子の伝説とした誤りであろう。

11 《慢心した坊ちゃん》の時代

以上のことを要約してみよう。私がここで分析しているのは、ヨーロッパの歴史は、いまやはじめて、じっさいに凡庸な人間の決定にゆだねられているように見えるという新しい社会的事実である。受身でなく能動形でいえば、以前は支配されていた凡庸な人間が、世界を支配しようと決意したのである。社会の前面に迫《せ》りだそうというこの決意は、凡庸人によって代表される人間の新しいタイプが成熟するやいなや、自然にかれらの心のなかに生じたのである。社会生活の諸事実に注意を払いながら、この大衆的人間の心理構造を研究すれば、次のことがわかる。

(1)大衆的人間は、生は容易であり、ありあまるほど豊かであり、悲劇的な制限はないというふうに、心底から、生まれたときから感じており、したがって、各平均人は、自分のなかに支配と勝利の実感をいだいている。

⑵そのことから、あるがままの自分に確信をもち、自分の道徳的・知的資質はすぐれており、完全であると考えるようになる。この自己満足から、外部の権威にたいして自己を閉鎖してしまい、耳をかさず、自分の意見に疑いをもたず、他人を考慮に入れないようになる。たえずかれの内部にある支配感情に刺激されて、支配力を行使したがる。そこで、自分とその同類だけが世界に存在しているかのように行動することになるだろう。

したがって、⑶慎重も熟慮も手続きも保留もなく、いわば、《直接行動》の制度によって、すべてのことに介入し、自分の凡庸な意見を押しつけようとするだろう。

ここに掲げた諸特徴から、《甘やかされた子》、反逆する未開人、すなわち《野蛮人》といった、なんらかの欠陥のある人間が想起された〔正常な未開人は、これとは逆に、宗教、タブー、社会的伝統、習慣のような上位の権威にたいして、もっとも従順な人間である〕。このような人間に向かって私が悪口を浴びせるからといって、驚くいわれはない。

この論文は、勝ち誇っているこの人間たちへの最初の攻撃の試みであり、同時に、何人かのヨーロッパ人が、思いあがったこの専制者にたいして、やがて強力な反抗をするであろうという予告であるにすぎない。目下のところ、攻撃の試みをしているにすぎない。徹底的な攻撃は、この論文のとっている形式とはきわめて違った形で、そのうちに、たぶんまもなく、現われるであろう。とことんまでの攻撃は、大衆的人間が防御する用意ができないように、つまり、目前に見ながらそれが徹底的攻撃であるとは気づかないような方法で、行なわれなくてはならない。

今日、あらゆるところを歩きまわり、どこでもその精神の野蛮性を押しつけているこの人物は、まさに人類の歴史に現われた甘やかされた子供である。甘やかされた子供は、遺産を相続する以外に能のない相続人である。ここでは、かれらの相続するものは文明である――いろいろな便宜や安全、一言でいえば文明の恩恵である。いままでに見てきたように、文明がこの世界でつくりあげた安逸な生活のなかでのみ、あのような諸特徴をもち、あのような性格を刻みつけられた人間が生まれうるのである。

この人間のタイプは、贅沢が人類のなかにつくりだした奇形の一つである。われわれは錯覚のために、余裕のある世界で生まれた生は、まさに欠乏との戦いである生よりもすぐれており、もっと生が充実し上等である、と信ずる傾向がある。しかし、事実はそうではない。そうではないと私がいうのには、厳密な、きわめて本質的ないくつかの理由があるが、いまは述べるべき場合でない。むしろ、その理由の代わりに、世襲貴族のすべての悲劇のもととなる、つねに繰り返されてきた一つの事実を想起すれば、十分であろう。貴族が世襲するというのは、自分の創造しなかった生、したがって、自分固有の生に有機的に結合してつくられたのではない生の諸条件が自分に与えられていることを発見する、ということである。

生まれたときに突然、なぜだかわからないが、自分が富と特権のなかに据えられているのを見いだす。それらは、かれに由来したものでないから、本来のかれとはなんの関係もない。それは、他の人間、他の生物、つまりかれの祖先の残した巨大な甲冑《かっちゅう》である。しかも、かれは相続者として生きなければならない、つまり、他の生に属する甲冑を鎧《よろ》わなくてはならない。そこで、どういうことになるだろうか。世襲《貴族》は、かれの生を生きるのか、それとも、初代の傑物の生を生きるのか。そのどちらでもない。かれは、他人を演ずる運命、したがって他人でもなく、かれ自身でもない運命をしょわされている。かれの生は否応なく、真実性を失い、他の生を演ずる生、あるいは他の生に似せた生となる。義務としてかれが扱わねばならない財産はあまりに多いので、かれは本当の個人的な運命を生きることをさまたげられ、かれの生は萎縮させられてしまう。

あらゆる生は、自分自身であるための戦いであり、努力である。私が自分の生を実現する過程で遭遇する障害が、まさに私の活力と能力を目ざめさせ動員するのである。もし私の身体が重さをもっていなければ、歩くことはできないだろう。もし大気が私に圧力を加えなければ、私には自分の身体が、おぼつかない、ふわふわした、幽霊のように感ぜられるだろう。それと同様に、世襲《貴族》は、生を使用し努力することがないために、その人格がぼやけたものになっていく。

その結果生まれるのは、古い貴族の家柄に特有な、類のない愚鈍である。この悲劇的な内的機構――あらゆる世襲貴族をどうしようもない退化に導く悲劇的な内的機構――を記述した人は、厳密な意味ではひとりもない。

以上のことは、たんに、財産のありあまっているのは生にとって好都合であると信じがちな、われわれのおめでたい傾向を抑えるために述べたのである。好都合どころか事実はまったく逆である。ありあまるほど豊かな可能性をもっている世界[1]は、人間の生存様式に重大な変形を加え、劣悪なタイプの人間を自動的に生みだす。その人々は、《相続人》という一般的分類に入れることができる。《貴族》はその特別な一例であるにすぎないのであって、ほかに甘やかされた子供の例があり、また、もっと数が多く重要な例は、われらの時代の大衆的人間である〔他方、以上述べてきた貴族に関する考察をさらに進めて、あらゆる時代のあらゆる民族に見られる《貴族》の特徴的性質が、どんなにたくさん大衆的人間のなかに、萌芽《ほうが》的に現われているかを示すことができよう。たとえば、生の中心的な関心を賭博《とばく》とスポーツに置く傾向、自分の肉体への強い関心――衛生と衣服の美への関心、女性との関係におけるロマンティシズムの欠如、知識人との交歓を楽しむが、心底ではかれらを尊敬せず、下僕や獄吏にかれらを鞭《むち》打つように命ずること、自由討論の制度よりも絶対的支配者のもとに生きることを望むこと[2]、等々〕。

さて、私は衷心から遺憾の念をもって強調するのだが、この非文明的傾向でこりかたまった人間、この最新の野蛮人は、近代文明の、とくに十九世紀の文明がとった形式の、必然的な産物なのである。かれらは、五世紀の《偉大な白い野蛮人》のように、外から文明世界にやってきたのではないし、アリストテレスのいうように、堀のなかのおたまじゃくしみたいに、神秘的な自然発生によって、世界のなかから生まれたのでもない。かれらは、文明世界のなかで当然生まれるべくして生まれたのである。

ここで、古生物学や生物地理学が立証している法則、すなわち、人間の生は、生の利用できる手段と生命の遭遇するいろいろな問題とが均衡を保っているときにのみ生まれ発達したのだ、という法則を定式化することができる。この法則は、肉体に関しても精神に関しても真理である。肉体的生のきわめて具体的な領域について述べれば、ヒト種は、地球上で、暑い季節と極度に寒い季節とが交互する地域で発生したことを思いだしていただきたい。熱帯では、人間という動物は退化してしまう。逆に、劣等な人種——たとえば、ピグミー——は、かれらよりあとに生まれ、高等な進化段階にある人種によって、熱帯のほうへと押しやられたのである。[3]

さて、十九世紀の文明は、平均人が余剰のある世界のなかに住むことを可能にするような性格をもっていた。かれらはその世界のなかに、きわめて豊富な手段だけを見て、苦悩を見いださなかった。すばらしい道具、ありがたい薬、先見の明のある国家、快適な権利などにとりまかれている。そのくせ、それらの薬や道具を発明するむずかしさや、今後ともそれらの生産を保証することのむずかしさには無関心で、また、国家という組織が不安定なものだということに気づかず、自分には責任があるのだということをほとんど感じない。

こういう不均衡がかれらをにせものにし、生の本質そのものとの接触を失わせてしまい、生きるものとしての存在の根底において、かれらをいかさまで劣悪なものとしてしまうのである。この生は、絶対的に危険であり、根本的な問題である。人間の生のもっとも矛盾した形態は、《慢心した坊ちゃん》という形態である。だからこういう人々が支配的な人間像になるとき、警鐘を鳴らし、生が退廃の危険にさらされている、いまにも死にそうだ、と知らせなければならない。事実、今日のヨーロッパの示す生は、人間の過去のすべての生よりも高い水準にあるのに、未来を眺めると、その高さを維持することも、さらに高い水準をつくりだすこともできないで、逆に後退し、低い水準に落ちるのではないかと心配になる。

以上のことから、《慢心した坊ちゃん》とはとてつもなく異常なものだということが、はっきりわかると思う。なぜならば、かれは自分でしたい放題のことをするために生まれおちた人間だからである。じっさい、《箱入り息子》は、自分の好きなことをしてよいという錯覚をもっている。その理由がなにかをわれわれはすでに承知している。つまり、家族の内部では、ひどい罪を含めてなにもかもが、結局は無罪になるからである。家族の世界はたぶんに人工的であって、社会では、つまり街中では、犯人にとって破局的な避けがたい罰をもたらすような多くの行為が、家族のなかでは許されるのである。しかし、《坊ちゃん》は、家の外でも家のなかと同じように行動できると信じている人間であり、致命的で、取り返しがつかず、取り消しがきかないものはなに一つないと信じている人間である。そういうわけだから、好きなことをしてよいと信じているのだ。[4] 大まちがいである。

ポルトガルのお伽噺《とぎばなし》のなかに、おうむに向かっていうことばがある。「あなたはどこへでも連れていってもらえるところに行っていいですよ」。なにも、好きなことをしてはならないというのではない。そうではなくて、しなければならないことしかできず、そうあらねばならないものでしかありえない、といっているのである。ただ一つの可能性は、しなくてはならないことをすることを拒否することである。しかし、拒否したところで、われわれがしたいからといって、別のことをする自由を与えられるわけではない。この点でわれわれは、否定する意志の自由——ノルンタス——だけをもっている。われわれはもっとも純粋な運命から完全に抜けでることができる。しかし、それによって、われわれは運命の低次の段階に囚《とら》われの身となるだけのことだ。

私は読者のひとりひとりを知らないから、あなたのまったく個別的な運命そのものについて、右のことを明らかにすることはできないが、他人の運命と同一の部分については明らかにすることができる。たとえば、現在のすべてのヨーロッパ人は、かれらの表明するいかなる《思想》や《意見》よりも、はるかに強い確信をもって、現代のヨーロッパ人は自由でなければならないということを知っている。どのような自由の形式が本当の自由であるかは、ここでは議論しないことにする。私がいっているのは、ただ、どんな反動的なヨーロッパ人でも、前世紀（十九世紀）に自由主義の名において意図したものが、いまでは結局避けることのできない、どうしようもない事実となっており、好むと好まざるとにかかわらず今日の西欧人の存在を形づくっているということを心のなかで知っている、ということである。

ヨーロッパの運命に刻印されている、政治的に自由であれという、逃れようのない命令を実現しようと努めてきたいままでの具体的な方法が、すべてにせものであり、いまわしいものであるということが、たとえ議論の余地のないほど明白に証明されたとしても、その命令が前世紀には本質的には正しかったという究極的事実は少しも変わらない。この究極的事実は、ヨーロッパの共産主義者やファシストが、その反対のことをわれわれに納得させるために、また自分で得心がいくようにどんなジェスチャーをしてみせても、かれらの心のなかでやはり作用しているし、また同様に、シラブス[1]に心から忠誠をつくしているカトリック教徒の心のなかでも――それを欲すると欲せざると、信じていようといまいとにかかわらず――、この事実が作用しているのである。[5]

自由主義の諸形態を攻撃する批判が正当であるとしても、そのかなたに自由主義の不変の真理があることは、だれでも《知っている》。その真理は、理論的・科学的・知的真理ではなく、根本的に別な、これらすべてよりも決定的な真理――いわば運命の真理である。理論的真理はたんに議論の対象となるばかりでなく、その真理の意義と力は、それが議論されるという点に存する。それは議論から生まれ、議論されているあいだだけ生きており、もっぱら議論されるようにできている。しかし、運命――生としてそうあらねばならないか、そうあってはならないか、というもの――は議論されることはなく、われわれはそれを受けいれるか否かしかない。もし受けいれれば、われわれは本物であり、受けいれなければ、われわれはわれわれ自身を否定し、偽造することになる。[6] 運命はわれわれがしたいことのなかにはなく、むしろ、したくないことをしなければならぬというわれわれの自覚のなかに、その厳格な横顔をくっきりと現わすのである。

ところで、《慢心した坊ちゃん》の特徴は、ある種のことをしてはならないことを《知り》ながら、しかも、知っているがゆえに、その行動とことばで、反対の確信をもっているようなふりをすることにある。ファシストがやがて政治的自由に反抗して立ちあがるであろうが、それはまさに、政治的自由が結局は敗北しないこと、それはヨーロッパの生の本質そのもののなかにどうしようもなく根を下ろしていること、試練の時期を迎えて本当に政治的自由が必要となれば人々はそこにもどっていくのだ、ということを知っているからである。ふまじめと冗談、これが大衆的人間の生の主調音である。かれらがなにかをするときには、ちょうど《箱入り息子》がいたずらをするのと同じように、自分の行ないは取り消しがきかないのだというまじめさが欠けている。あらゆる面で、つとめて悲劇的な、最後的な、断固とした態度をとっているように見えるのは、ただの見せかけである。文明世界には現実の悲劇などはありそうもないと信じているから、かれらは悲劇をもてあそんでいるのである。

ある人が、自分はこういうものです、といってわれわれに示そうとしているものを、その人の本当の人格だと思いこまざるをえないとしたら、たいへんなことになるだろう。もしある人が二たす二は五であるとかたくなに主張している場合、かれが狂人だと考えられる理由がなければ、本当はそう信じていないのだ、ということを確信しなくてはならない。たとえかれがいくら叫んでも、またそれを主張するために殺されることをいとわないとしても、そのことに変わりはない。茶番劇の大嵐《おおあらし》が、ヨーロッパ中を吹きまくっている。人々が選択し公然と唱えているほとんどすべての立場は、本質的に欺瞞《ぎまん》である。かれらの唯一の努力は、自己の運命を回避し、運命の明らかな姿に目をつぶり、その内奥の呼び声に耳をふさぎ、自分がそうであらねばならぬ姿と対面するのを避けることにある。ふざけて人生を送っているのだ。自分でつけている仮面が、悲劇的であればあるほどふざけているのである。

人間が精いっぱい、とことんまでがんばることのない、いいかげんな態度で生きているところには、かならず道化芝居がある。大衆的人間は、ゆるがない運命の土台の上に足を踏みしめることがない。むしろかれは、宙ぶらりんの虚構の生をむなしく生きているのである。今日、重さも根もない生——運命の根無し草——が、きわめて軽薄な風潮によって、いとも容易に押し流されているのは、そのためである。

いまは《風潮》の時代であり、《押し流される》時代である。芸術にせよ、観念にせよ、政治にせよ、社会的な習慣にせよ、そのなかに巻きおこる皮相なつむじ風にたいし、ほとんどだれも抵抗を示さない。かつて見られぬほど修辞法が華やかに栄えているのもそのためである。超現実主義者は、他の時代の文人が《ジャスミン、白鳥、牧神》と書いた箇所に、かれ流のことばを書いたとき〔なんと書くか、ここではいう必要もない〕、全文学史の水準を越えたと信じている。しかし、それではなにをしたかというと、いままで汚物のなかに打ち捨てられていた修辞をひきだしただけである。

現代はまったく特殊な側面をもっているが、現状をはっきりさせるためには、過去との共通点を調べるのがよい。たとえば、地中海文明が最高の高さに達するやいなや――紀元前三世紀ごろ――、犬儒学者が現われるという点に注目しよう。ディオゲネスは、アリスティッポスのじゅうたんの上を泥まみれのサンダルで歩きまわった。犬儒は、どんな街角にも、どんな身分の人々のあいだにも繁殖するようになった。ところで、犬儒のしたことといったら、文明を故意に妨害することだけだった。かれらはヘレニズムの虚無主義者である。なに一つ生みださなかったし、なにもつくらなかった。かれの役割はこわすことであった。あるいは――こわそうと意図することであった、というほうが適当かもしれない。というのは、その目的を果たすことさえできなかったからである。文明の寄生虫である犬儒は、文明がけっして滅びないと確信しているからこそ、文明を否定して生きているわけだ。犬儒たちがふざけてやってのける役割を、みんながいとも自然に、大まじめで演じている未開人の社会にはいったら、かれらはどうなることだろう。ファシストが自由の悪口をいわないとしたら、また超現実主義者が芸術を冒瀆《ぼうとく》しないとしたら、かれらはいったい何者だろうか。

あまりに組織されすぎた世界に生まれ、そのなかで便宜だけを見いだし、危険を感じないタイプの人間は、ふざけて暮らすよりほかに行動できないのである。環境によって甘やかされているのである。というのは、かれの環境は、《文明》――つまり家庭――だからである。また、《箱入り息子》は、きままな気質を捨てて、自分よりもすぐれた外部的権威の声に耳を傾ける必要を少しも感じないし、まして、自分自身の運命の仮借ない本質にふれる義務など少しも感じないからである。

〔1〕資源の増加と過剰を混同してはならない。豊饒でさえ、過剰と違うのである。十九世紀には、生の便宜が増加し、まえに記したように、生の驚異的な増大――量、質ともに――が見られた。しかし文明世界は、平均人の能力との関係において、過度に豊かで、よけいで、過剰な側面をもつ、といえる瞬間がやってきた。ただ一例をあげれば、進歩〔生の利益のたえまない上昇〕が生みだしたと見えた安全さは、にせの、萎縮した、劣悪な信頼感を平均人に吹きこんで、士気を阻喪させてしまった。

〔2〕この点でも、他の場合と同様に、イギリスの貴族は例外であるように見える。しかし、かれらの例には心から感嘆せざるをえないとしても、この例外は、例外でありながら上の規則を確証しているのである。それを知るためには、イギリス史の概要を記述すれば十分であろう。普通いわれていることとは逆で、イギリスの貴族は、ヨーロッパでもっとも《余剰》がなく、他のいかなる国の貴族よりも、たえざる危険のなかに生活してきた。そして、いつも危険のなかに生きていたから、自分を尊敬させることもでき、またそれに成功した――これは、かれらがたえず危機のなかにあったことを意味している。イギリスは十八世紀の途中まで西欧でもっとも貧しい国であった、という根本的な事実をわれわれは忘れがちである。貴族階級はまさにこの事実によって救われた。資産がありあまっていなかったので、早くから、商業や工業――大陸では非貴族的な職業だった――に手をつけねばならなかった。すなわち、きわめて早くから、経済的に創造的な形式で生きること、特権だけに頼らないことを決意したのである。

〔3〕オルブリヒト『気候と進化』Klima und Entwicklung, 1923参照。

〔4〕家と社会との関係をもっと大きくしたのが、一国家と諸国家全部との関係である。現行の《坊ちゃん主義》のもっとも明白であり同時に大規模な現象の一つは、やがて見るように、いくつかの国々が、国際間の共存関係のなかで、《したいことをする》決意をしていることである。これを無邪気にも人は、《国家主義》という。私は、国際主義への無邪気な心服が嫌いだが、他方では、たいしたことのない国々に現われた過渡的な《坊ちゃん主義》をばかげたものだと思う。

〔5〕コペルニクスのように、太陽は地平線に沈むのではないと信じている人も、沈むのを見つづけており、見るということは、最高の確信を意味しているのであるから、沈むということを信じつづける。

問題は、科学的信念がつねに、最高の、あるいは自然な信念の効力を抑えていることである。同様に、シラブスに忠実なカトリック教徒は、教義への信仰をもって、本来の本物の自由な信仰を否定するのである。カトリック教徒の例は、いま私が述べている考え方をはっきりさせるために引用したにすぎないのであって、われらの時代の大衆、つまり《慢心した坊ちゃん》に向けて放つ重大な非難をかれらに向けているのではない。両者の似ているのはただ一点である。しかも、その部分的な一致も見かけ上のものだ。《慢心した坊ちゃん》の顔にぶつける悪口は、その本質のほとんどすべてが本物でない、ということである。カトリック教徒も、その本質——好むと好まざるとにかかわらず近代人としてもっているもの——のある面で、本物でない。なぜならば、宗教的信仰という、かれの人格の他の現実面に忠実であろうとするからである。これは、カトリック教徒の運命が、それ自体、悲劇的であることを意味する。かつまた、この本物でない部分を受けいれるとき、かれらの義務をまっとうするのである。それに反し、《慢心した坊ちゃん》は、まったくの軽薄さから自分を捨て、すべてから逃げだすのであるが、それはまさにあらゆる悲劇から逃れるためである。

〔6〕堕落、卑劣は、そうであらねばならぬものになることを否定した人に残された生き方にほかならない。かれの真の本質がそれによって死ぬのではなく、影となり幽霊となってかれを弾劾するのであって、こうして、かれが担わねばならなかった生に対比して、じっさいに担っている生が劣っているという劣等感をたえず覚えるのである。堕落した男は、生きている自殺者である。

（1）カトリック教における教書要目。とくにローマ教皇ピウス九世が一八六四年に公布した異要目箇条書をさすことが多く、このなかで、カトリック教徒の犯してはならない誤謬が摘発されている。

12　専門化の野蛮性

この本の主題は、十九世紀文明は自動的に大衆的人間をつくりだした、ということであった。この主題の一般的な記述を終えるまえに、特殊な例をひいて、大衆がつくられた機構を分析する必要がある。そのような分析によって問題が具体化されれば、この論文は説得力を増すことになる。

十九世紀の文明は、自由民主主義と技術という二つの面に要約できる、と私はいった。ここでは後者だけをとりあげることにしよう。今日の技術は、資本主義と実験科学の融合から生まれたものである。しかし、すべての技術が科学的なわけではない。シェレアン期[1]に火打石の石斧《せきふ》をつくった男は、科学をもっていなかったが、それでも、一つの技術を創造した。中国は、物理学の存在など少しも知らずに、高度の技術水準に達した。

ヨーロッパの近代技術だけが科学に根ざしているのであって、この基盤から、無際限の進歩の可能性という特殊な性格が生まれる。それ以外の技術は――メソポタミア、ナイル河、ギリシア、ローマ、東洋のどの技術でも――、発達の極限に達するともうそれを越えることはできず、極限に到達するやいなや、憐《あわ》れむべき退化をはじめる。

この驚くべき西欧の技術が、ヨーロッパ種族の驚くべき繁殖を可能にした。この論文の出発点となった一つの事実、そして本書で考察しているすべての問題を萌芽的にかかえていると述べた事実を想起していただきたい。それは、六世紀から一八〇〇年まで、ヨーロッパの人口は一億八千万を越えたことはなかったのに、一八〇〇年から一九一四年までにそれが四億六千万にふえたという事実である。これほどの飛躍的増加は、人類史のなかでほかに例がない。技術が——自由民主主義とともに——大衆という表現の量的な意味で、大衆的人間を生みだしたことは疑う余地がない。しかしこの論文では、近代技術が、大衆ということばの質的な意味、つまり悪い意味においても、大衆的人間の存在に責任があることを、証明しようと意図したのである。

はじめにお断わりしたように、《大衆》ということばを、とくに労働者の意味で理解してはならない。それは社会の一階級をさすのではなく、今日の社会のあらゆる階級のなかに見られ、それゆえに、大衆の優越し支配しているわれらの時代を代表する人間の種類、あるいは存在のあり方を示している。これから、その証拠をたっぷりお目にかけるとしよう。

今日、社会的力を行使している者はだれか。この時代にみずからの精神構造を押しつけているのはだれか。いうまでもなくブルジョアジーである。では、このブルジョアジーのなかで、もっともすぐれたグループ、つまり現代の貴族と考えられているのはだれか。疑いもなく専門職、つまり技師、医者、金融家、教師などである。この専門職の集団のなかで、最高の位置を占めてもっとも純粋な形でかれらを代表する者はだれか。もちろん科学者である。もし星の世界の人がヨーロッパにやってきて、この世界を評価するうえで、ここに住んでいる人々のなかのどんなタイプの人間に会えばよいかをたずねれば、ヨーロッパは、喜んで、科学者と答えるに決まっているし、また、そうすれば有利な結論を出してもらえると信ずるにちがいない。星から来た人がたずねているのは、例外的な個人ではなく、一つの典型、つまりヨーロッパ人の頂点に立つ《科学者》という種族であるのは当然である。

ところが、その結果、現代の科学者は大衆的人間の原型だということになる。しかも、科学者が大衆的人間であるのは、偶然の結果ではなく、またひとりひとりの科学者の欠陥によるのでもなくて、科学——つまり、文明の基盤——自体がかれらを自動的に大衆的人間に変えてしまうからである。いわば、科学者を原始人に、現代の野蛮人に変えてしまうのである。

このことはよく知られており、何度も指摘されてきたことだ。しかし、この論文のなかに組みこまれてはじめて、その完全な意味が明らかになり、事の重大さがはっきりしてくるのである。

実験科学は十六世紀の終わりにはじまり〔ガリレオ〕、十七世紀の終わりに骨組みができ〔ニュートン〕、十八世紀の中葉に発達しはじめる。なにかが発達するということは、その骨組みができることとは違うのであって、別の諸条件に支配される。じっさい、実験科学の集合名詞である物理学の骨組みは、一元化への努力を必要とした。ニュートンやその時代の人々の仕事が、それであった。

しかし、物理学の発達のおかげで、一元化とは逆の動きが導入された。科学が進歩するためには、科学者が専門化することが必要である。私は科学者といっているのであって、科学自体ではない。科学そのものは専門分化主義ではない。もしそんなことになったら、それだけで真の科学ではなくなってしまうだろう。実験科学全体をとりあげてみても、もしそれを数学、論理学、哲学から分離してしまえば、真の科学ではなくなる。ところが、科学のなかでの仕事は――否応なく――専門化しなくてはならない。

物理学や生物学の歴史を、研究者たちの仕事がしだいに専門化していく過程を通して描いてみることは非常におもしろいし、それは、直観的に判断されるよりずっと大きな意味をもっていると考えられる。それによって、科学者が一世代ごとにしだいに狭くなる知的活動分野のなかに閉じこもり孤立していく様子を明らかにすることができるだろう。しかし、そのような歴史がわれわれに教える重大なことは、そのことではなく、むしろ逆である。つまり、研究の領域をせばめなければならなかったために、科学者が、しだいに科学の他の部門との接触を失い、ヨーロッパの科学、文化、文明という名に値するただ一つのものである宇宙の総合的解釈から離れてきた点が、重大なのである。

専門化がはじまるのは、まさに、《百科全書》派を教養人と呼んだ時代であった。十九世紀になると、研究業績そのものはすでに専門化する傾向があったが、百科全書派的に生きていた人の指導のもとに、この世紀はみずからの運命を開拓しはじめたのである。次の世代になるとバランスはくずれて、専門化のために各科学者は総合的教養を失いはじめる。一八九〇年に、第三の世代がヨーロッパの知的覇権を握ると、われわれは歴史上、例のない新しいタイプの科学者に出あうのである。この人々は、思慮のある人間になるために知っていなければならぬことのうちで、特定の科学だけしか知らず、その科学のなかでも、自分が活発に研究している一握りの問題だけをよく知っているのである。自分が専門的に研究している狭い領域の外にあるものを知らないということを、一つの美点であると主張するほどになり、総合的知識にたいする興味をディレッタンティスムと呼ぶようになった。

問題は、かれらが自分の狭い視野のなかに閉じこもりながら、じっさいには新しい事実を発見し、自分がほとんど知りもしない科学を進歩させ、また、そのことによって、かれが徹底的に無視している百科全書派的な思想全体をも進歩させることができる、という点にある。こんなことがどうして可能であったのか、また、どうしていまもって可能なのだろうか。それに答えるには、次の否定しがたい奇怪な事実を浮き彫りにしなくてはならない。実験科学の発達は、恐るべく凡庸な人間や、凡庸以下でさえある人間の仕事に負うところが多かった。すなわち、現代文明の根源であり象徴である近代科学は、知的に非凡とはいえない人間を暖かく迎えいれ、その人間の仕事が成功することを可能にしている。

その原因は、新しい科学の、また、科学に支配され代表される文明の、最大の長所であり、同時に最大の危険であるもの、つまり機械化にある。物理学や生物学においてやらなくてはならないことの大部分は、だれにでも、あるいはほとんどの人にできる機械的な頭脳労働である。科学の無数の研究目的のためには、これを小さな分野に分けて、その一つに閉じこもり、他の分野のことは知らないでいてよかろう。方法の確実さと正確さのおかげで、このような知恵の一時的、実際的な解体が許される。これらの方法の一つを、一つの機械のように使って仕事をすればよいのであって、実り多い結果を得るためには、その方法の意味や原理についての厳密な観念をもつ必要など少しもない。このように、大部分の科学者は、蜜蜂《みつばち》が巣に閉じこもるように、焼き串《ぐし》をまわす犬のように、自分の実験室の小部屋に閉じこもって、科学全体の発達を推進しているのである。

しかし、これによって、ひどく奇妙な人間の種族が創造される。自然界の新事実を発見した研究者は、自分がたのもしい人間だという自信をきっと覚えるにちがいない。自分は《ものを知っている人間だ》と考えたとしても、あながち不当ではない。また事実、かれのもちあわせていない知恵と合わせることによってはじめて本当の知恵となる断片的な知恵がかれのなかにある。これが、今世紀のはじめごろ、ひどい細分化傾向をもつようになった専門家の内情である。専門家は、自分の領域の微小な片隅を非常によく《知って》いる。しかし、他のことはからっきし知らない。

このような専門家こそ、私がいろいろな角度から定義しようとしてきた新しい奇妙な人間のみごとな例である。私はまえに、この人間たちを全歴史のなかに類例のないものだといった。専門家は、この新しい種族の特徴をきわめて具体的に示すとともに、その種族の根源的な新しさを十分に明らかにしてくれる。なぜならば、むかしは、人間を、知者と無知の者、あるいは、かなりの知者と、どちらかといえば無知である人に、単純に分けることができた。ところが、専門家は、この二つの範疇《はんちゅう》のどちらにも入れることができない。かれは、自分の専門領域にないことを知らないいたてまえだから、知者ではない。しかし、かれは《科学者》であって、自分の専門の微小な部分をよく知っているから、無知ではない。かれは無知な知者であるとでもいうべきであろうが、事は重大である。というのは、この人は、自分の知らないあらゆる問題にたいして、ひとりの無知な男としてではなく、自分の特殊な問題では知者である人間として、気どった行動をするであろうということを、この事実が意味しているからである。

かつまた、じっさいにこれが専門家の行状なのである。政治、芸術、社会的習慣、自分の専門外の科学について、かれは原始人か、きわめて無知な人間の態度をとるだろうが、その態度は力強く自信に満ちていて——これが逆説的なところだが——、それらの問題の専門家の意見を容《い》れないだろう。文明がかれを専門家にしたてたとき、かれみずからの限界のなかで満足させ、閉鎖的にしてしまった。しかし、自分がたのもしい価値ある人間だという内的な感情それ自体が、自分の専門外のことまで支配したいという気を起こさせるであろう。

もっとも資質のすぐれた人間——専門職——のなかでもっともすぐれた科学者、つまり大衆的人間とまったく逆であるはずの人間の場合ですら、いま述べたように、かれは生のほとんどあらゆる領域において、しかるべき資格もなく、大衆的人間のように行動するわけである。

右のことは、根拠なしにいっているのではない。今日、政治、芸術、宗教、生と世界の一般問題について、《科学者》や、またそのあとに控えた医者、技師、金融家、教師などが、いかに愚かな考え方や判断や行動をしているかを、だれでも観察することができる。私が、大衆的人間の特徴として繰り返しあげた、《人のいうことを聞かない》、高い権威に従わないという性格は、まさに、部分的な資質をもったこれらの専門家たちにおいて、その頂点に達する。かれらは、今日の大衆による支配を象徴しており、また、大衆による支配の主要な担い手である。かれらの野蛮性こそ、ヨーロッパの退廃のもっとも直接な原因である。

さらにまた、かれらこそ、漂う波に身をまかせた前世紀の文明がふたたび原始性と野蛮性をよみがえらせたことを教える、もっとも明白で適切な例である。

この、バランスのくずれた専門化傾向による直接的な結果は、今日、かつてないほど多数の

《科学者》がいるのに、《教養人》が、たとえば、一七五〇年よりもずっと少ない、ということに現われている。また、もっと悪いのは、科学の各分野で科学の焼き串をまわしている犬たちがいたところで、科学の発達はまったく保証されていない、ということである。というのは、科学は、その発達の過程で有機的に調整されるために、ときどき再編成される必要があるからであり、それには、まえにいったように、総合の努力が要請されるからである。しかも、この仕事は、しだいに広がる全知識領域を包括していくわけだから、だんだんと困難になる。

ニュートンは、たいして哲学を知らないで、物理学の体系をつくることができたが、アインシュタインが、その鋭い総合に到達するためには、カントとマッハに没頭することが必要であった。カントとマッハ――この二つの名前は、アインシュタインに影響した莫大《ばくだい》な哲学的・心理学的思想を象徴しているにすぎない――は、かれの精神を解放し、革新への道を開くのに役だった。しかし、アインシュタインでも、もはや十分でない。物理学は、その歴史のなかでもっとも深い危機の時代にはいりつつある。この危機から物理学を救いだすものは、かつての百科全書よりも、もっと系統的な新しい百科全書であろう。

だから、一世紀にわたって実験科学の進歩を可能にしてきた専門化傾向は、もっとすぐれた世代がもっと強力な新たな体系をつくってくれなければ、自分だけの力では進歩できない段階に近づいている。

しかし、専門家は、自分のたずさわっている科学を支配する内的な法則を知らないとすれば、科学の存続に関する歴史的諸条件のことについては、もっともっと無知である。すなわち、研究者がつぎつぎに出てくるためには、社会や人間の心がどのように構成されていなければならないか、ということについては、まったく無知なのである。まえに述べたように、近年、科学者になろうとする人が減少していることは、文明とはなにかについて明確な思想をもつすべての人々の憂慮している兆候である。しかも、この思想は、われらの現代文明の頂点に立つ典型的な《科学者》にも欠如しているのが普通である。かれらもまた、文明は、地殻や原始林のように、ただそこにあるのだ、と信じている。

（1）人類最古の文化は、粗雑な打製石器の形で残されている。現在は、二百万年まえの石器が知られているが、オルテガがこの論文を執筆していた当時は、シェレアン（フランスのシェル遺跡にちなむ名。現在では、普通アッブヴィリアンと呼ばれる）が最古の旧石器文化とされていた。

13　最大の危険物、それは国家である

社会のいろいろな事柄がきちんと秩序だっている場合には、大衆は自分からすすんで行動する

ことがない。それがかれらの使命である。かれらは指導され、影響され、代表され、組織されるため――ひいては、大衆であることをやめるため、あるいは少なくとも、やめることを切望するために、この世に生まれてきたのである。だが、それらすべてのことを自分だけの力で行なうためにこの世に生まれたのではない。かれらは、その生をすぐれた少数者によって構成される高い権威にゆだねる必要があるのだ。

すぐれた人間とはだれかについて議論するのは結構である。しかし、かれらがだれであろうと、その人たちがいなくては、人類が本質としてもっているものを失うであろうことは、疑わないほうがよい。たとえヨーロッパが、一世紀のあいだ、だちょうのように翼の下に頭をつっこんでこれほど明白な事実を見まいとしてみても、どうにもならない。なぜならば、それは、頻度のわりに高い、多少とも蓋然性のある事実に基づく見解などというものではなく、ニュートンの物理学の諸法則よりもずっと確実な社会《物理学》の法則に基づいているからである。

いつの日か、ヨーロッパに真の哲学[1]――これだけがヨーロッパを救いうる――がふたたび支配するときが来れば、人間は好むと好まざるとにかかわらず、体質的に高い権威を求めざるをえないのだということが、またわかるようになるだろう。高い権威を自分自身で見つけだせる人があれば、それはすぐれた人である。もし自分で見つけだせなければ、それは大衆であって、すぐれた人からそれをもらう必要がある。

だから、大衆が自分からすすんで行動しようなどと大それた考えをもつことは、自分の運命にたいして反逆することであり、しかも、かれらがいまやっているのは、まさにそのことなのだから、私は大衆の反逆について論ずるのである。なぜかというと、結局、真に反逆と呼びうる唯一のものは、各自が自分の運命を容認せず、自分自身にたいして反逆することだからである。厳密にいえば、大天使ルシフェル[1]の反逆は、たとえかれが――神になる運命をもたないのに――神になろうとあがく代わりに最下位の天使になろう――これもかれの運命ではない――としてがんばったとしても、反逆である点に変わりはなかったろう〔もしルシフェルが、トルストイのようにロシア人であったら、このあとの様式の反逆を選んだかもしれないが、あの有名な反逆に比べて、神に逆らうものである点では、まったく同じことである〕。

大衆がみずから行動するときは、ほかに方法がないから、次のようなただ一つのやり方でするのである。つまり、リンチである。リンチ法がアメリカで生まれたのは、まったく偶然とはいえない。なぜならば、アメリカは、ある意味で、大衆の天国だからである。また、大衆が勝利をおさめている今日、暴力が栄え、これだけが唯一の理性であり、唯一の教義であることは、もっと驚くにあたらないだろう。暴力が規範としてこのようにのさばっていることに私が注意を喚起してから、もうずいぶんになる。[2]今日、暴力は、発達の極限に達している。このことは、やがて自動的に暴力が退潮することを示しているから、よい兆候でもある。今日では、暴力はすでに時代の修辞となっている。修辞家というあの空虚な連中が、暴力を身につけている。一つの人間的現実が、その歴史を完了して、難破し、死んだとき、その現実は波浪によって修辞の海岸に打ちあげられ、そこで死体として長いこと残されるのである。修辞は人間の現実の墓場か、せいぜい養老院である。現実は死んでも、名前は生き残る。名前はたんにことばでしかないが、結局、ことばであることに変わりはなく、だから、ことばのもつ魔術的な力をつねにいくぶんか保有している。

ずうずうしくも規範として確立された暴力が、その特権を失いはじめたということが、たとえ嘘でないとしても、おそらく形を変えた暴力の支配のもとで、われわれは生きつづけることだろう。

私が言及しようとしているのは、今日、ヨーロッパ文明をおびやかしている最大の危険についてである。それは、この文明をおびやかすすべての危険と同じく、ヨーロッパ文明自体から生まれた。それどころか、それはヨーロッパ文明の栄光の一つである。その危険とは、すなわち今日の国家である。国家についてもまた、前章で科学についていったと同じ問題にぶつかるわけだ。原理の豊饒さが科学に驚くべき進歩をもたらしたが、この進歩は否応なく専門化傾向を押しつけ、その傾向によって科学は窒息しかけている、と私はいった。

同じことが、国家についても起こっている。

十八世紀の終わりに、ヨーロッパ諸国のなかで、国家とはなんであったかを思いだしていただきたい。それはとるにたりないものだった。しかし、技術、合理化された新技術がはじめて勝利をおさめた初期資本主義と産業組織が、すでに社会の膨脹をもたらしはじめていた。

一つの新しい社会階級が、それ以前の諸階級よりも数的にまさり、強力な姿で出現した。それはブルジョアジーである。ずうずうしいこのブルジョアジーは、なによりもまず、一つの利点、つまり才能、実際的才能を所有していた。組織をつくり規律に従い、努力に継続性と連関性をもたせることを知っていた。かれらのなかを、あたかも大洋のなかを行く船のように、《国家号》があぶなっかしく航海していた。ここで国家を船にたとえるのは、自分たちを全能で嵐をはらんだ大洋のように感じていたブルジョアジーから思いついたのである。この船はとるにたりぬものだった。ほとんど兵士がなく、ほとんど役人がなく、ほとんど金がなかった。この船は、中世に、ブルジョアとは全然違う人々からなる一階級によって建造されたものだった。

その階級とは、貴族であり、勇気によって、指揮する能力によって、責任感によって、尊敬に値する人々であった。かれらがいなければ今日のヨーロッパの国々は存在しなかったであろう。しかし、このような精神的徳性をもってはいたが、当時の貴族はやはり頭脳がよくなかった。かれらは、頭脳とは別の臓器で生きていたのであった。知性がきわめて乏しく、感傷的、本能的、直観的で、一言でいえば、《非合理的》であった。そこで、合理性を要求する技術を発達させることができなかった。火薬を発明しなかった。どうしようもなかった。新しい武器を発明することができなかったので、ブルジョアジーが東洋かどこからかもってきた火薬を使って、わけなく、かれら貴族の戦士を打ち負かすのをどうすることもできなかった。この戦士たちは、《騎士》であって、愚かにも鉄の鎧《よろい》のなかに身を包み、戦闘にさいしてほとんど身動きもできなかった。また、かれらは、戦争に勝つ永遠の秘訣《ひけつ》は防御手段ではなく攻撃手段のなかにあるのだということに考え及ばなかった[3]〔この秘訣を再発見したのは、ナポレオンである〕。

国家は一つの技術である――公的次元の技術であり、行政的技術である――から、《旧体制》の国家は、十八世紀の終わりに、革命的な広大な社会のために、あらゆる側面を攻撃される、弱体きわまるものになってしまった。当時の国家の力と社会力とのあいだの不均衡は、あまりにひどかったので、カルル大帝（シャルルマーニュ）時代の状態に比べると、十八世紀の国家は退化したもののように見える。もちろんカロリンガ王朝は、ルイ十六世の国家よりもはるかに弱体であったけれども、その国家に比べて、国家を囲繞《いにょう》する社会は少しも力がなかった[4]。社会力と公権力とのあいだのはなはだしい不均衡が、（フランス）大革命や、その他の〔一八四八年までの〕革命を可能にしたのであった。

しかし、大革命によって中産階級が公権力を握った。かれらの申し分のない実際的な美徳を国家のために生かして一世代もすると、強力な国家をつくりあげ、革命の息の根を絶やしたのであった。一八四八年以来、つまり中産階級の二代目の政府がはじまって以来、ヨーロッパには真の革命はない。正確には革命のための動機がなくなったからではなく、その手段がなくなったからである。公権力が社会力と平衡化したのだ。革命よ、永遠にさらば、である。ヨーロッパには、革命の逆、つまりクーデター[2]しか起こりえない。のちに、革命のように見せかけたものがあったとしても、それはすべて仮面をかぶったクーデターにほかならなかった。

われらの時代には、国家は驚異的な働きをする恐るべき機械となった。この機械は、多数の正確な手段によってすばらしい効果を見せている。それは社会のまんなかに据えつけられており、ボタンを一つ押しさえすれば、その巨大な槓杆《こうかん》を動かして、社会のあらゆる部分ですさまじい威力を発揮するのである。

今日の国家は、文明の生みだしたもっとも顕著な産物である。また、大衆的人間が国家にたいしてとっている態度を見ることは、きわめて興味があり、われわれを啓発してくれる。かれらはそれを見、賛嘆する。そして、国家はそこにあってかれの生を保証していることを知っている。しかし、国家がいくたりかの人々によって創造されたもので、かつて人類のなかにあったある種の価値と前提によって支えられていたが、明日は消え失せるかもしれないのだ、という意識をもっていない。

ところが、大衆的人間は、国家を匿名の権力であると見、また自分が匿名者――凡庸な人間

──であると感じているから、国家は自分のものだと考える。一国の社会生活のなかに、なにか困難、軋轢《あつれき》、問題が突然に襲ったと想像しよう。大衆的人間は、国家がただちにそれをとりあげて、その巨大な比類のない手段をもって、直接に解決する責任を果たすように要求することだろう。

今日、文明をおびやかしている最大の危険は、次のことである。生の国有化、国家の干渉主義、国家によるすべての社会の自発性の吸収である。すなわち、人間の運命を決定的に支え、養い、促進している歴史の自発性を、国家が根絶してしまうことである。大衆がなんらかの不運とか、たんに強い欲望を感ずるとき、かれらにとって大きな誘惑となるのは、ボタンを押して、国家という名の強力な機械を働かせれば、──努力、戦い、疑念、危険なしに──なにもかもいつでも安全に手に入れることができるという可能性である。

そこで大衆は、《自分は国家である》とひとりごとをいうのだが、これは完全なまちがいである。国家が大衆であるというのは、ふたりの男のどちらもフワンという名でないから、ふたりは同一人であるといいうるのと同じ意味でしかない。今日の国家と大衆とは、匿名者であるという点だけで一致している。しかるに、大衆的人間は、じっさいに、自分が国家であると信じており、なにかと口実をもうけては、国家の機能を発動させ、国家を騒がせる──政治、思想、産業、その他いかなる面であれ、国家を乱すような──創造的少数派をすべて、国家を利用してつぶそうとする傾向をますます強めるであろう。

この傾向は、致命的な結果をもたらすだろう。社会の自発性は、国家の干渉によって、何度も暴行を加えられるだろうし、新しい自発性の種子は、けっして実を結ばないだろう。社会は国家のために、人間は政府という機械のために生きることを余儀なくされるだろう。かつまた、国家は結局一つの機械にすぎず、その機械の存在と保存は、それを維持する周囲の生命力に依存しているのであるから、社会の骨の髄までしゃぶったあとは、国家はやせおとろえ、骨だけとなり、死んでしまうだろう。その死はさびた機械の死であり、有機体の死体よりも、もっと薄気味の悪いものであろう。

これが古代文明の憐れむべき運命であった。ユリウスとクラウディウスの一門によって建設された帝国[3]が、それ以前の貴族たちの共和国よりも、構造的に比較にならぬほどすぐれた、驚嘆すべき機械だったことは疑いない。しかし――おもしろい一致点であるが――帝国が完全な発達段階に達するやいなや、社会体は衰退しはじめた。アントニヌス帝[4]の時代〔二世紀〕になるともう、国家は生を抑圧する至上権として、社会の上にのしかかるのである。社会の奴隷化がはじまり、それは、国家に奉仕する以外には生きることができなくなる。生はすべて官僚主義化される。で、どういうことが起こったか。

生の官僚主義化は――すべての面にわたって――生の絶対的な減少をもたらす。富は減じ、女はあまり産まなくなる。そこで国家は、自身の窮乏を救うために、人間の生存の官僚主義化を強化する。この自乗された官僚主義化は、つまり社会の軍隊化である。国家の最大の緊急事項は、戦う道具つまり軍隊である。国家はなによりもまず、安全をつくりだす機械である〔この安全性が大衆的人間を生みだすのだということを忘れないでほしい〕。だから、国家とはなによりもまず、軍隊である。アフリカ出身のセウェルス家が世界を軍隊化する。なんという徒労であろう。貧窮はその度を増し、子宮は日一日妊孕力《にんようりょく》を減ずる。兵隊までたりなくなる。セウェルス家の支配の終わったあとは、軍隊を外国人から集めなくてはならなくなる。

国家主義の逆説的で悲劇的な過程がどんなものか、おわかりになったろうか。社会は、よりよく生きるために、一つの道具として国家をつくる。それから国家が優位に立って、社会は国家のために生きねばならないことになる。(5) しかし結局、国家は、その社会の人々から構成されているのである。ところが、国家を維持するためには、この人々ではやがて不十分になり、まずダルマティア人、次にゲルマン人というように、外国人を呼ばねばならなくなる。外国人が国家の主人となり、本来の民族である社会の残りの部分は、外国人つまりかれらとなんの関係もない人間の奴隷として生きねばならない。

国家の干渉は結局、次のような結果を生む。民族は、国家というたんなる構造ないし機械を養う肉と練り粉に変わるのである。骨格が自分のまわりにある肉を食ってしまう。家のための足場が、家の持ち主になり、居住者になるわけだ。

こういうことを知ってみると、ムッソリーニがもちまえのきざな言い方で、まるでいまイタリアでたいへんな発見が行なわれたかのように、「すべては国家のためだ、国家のほかにはなにもなく、国家に反するものはなにもない」というお題目を大声でとなえているのを耳にすると、ちょっととまどってしまう。ファシズムが大衆的人間の典型的な運動であることを見やぶるためには、これで十分であろう。

ムッソリーニがめぐりあった国家は、驚嘆するほどよくつくられていた——しかもその国家は、かれがつくったのではなく、まさにかれが攻撃している力と思想、つまり自由民主主義によってつくられたのである。かれはそれを無節操に使っているにすぎない。いま、かれの事業を詳細にわたって検討することはあえてしないが、現在までに得られた結果は、政治的、行政的な面で、自由主義国家によって得られた結果とは比べものにならないほど少ないことは、疑問の余地がない。もしなにか得たものがあったとしても、それはわずかで、ほとんど目だたず、なにも実質的なものがないので、その程度では、国家という機械をかれが極限まで使うことを許容している異常な権力の蓄積を見れば割が合わない。

国家主義は、規範として確立された暴力と直接行動のとりうる最高の形態である。国家を通じて、またこれを手段として、大衆という無名の機械がひとりでに動く。

ヨーロッパ諸国は、その内的な生のなかに大きな試練をかかえた時代、きわめて困難な経済的・法的問題、公的秩序の問題をかかえた時代に直面している。大衆の支配のもとに、国家が、個人と集団を押しつぶし、こうして決定的に未来を不毛にしてしまうのを、恐れないでいられようか。

この機構の具体的な例を、われわれはこの三十年間のもっとも戦慄すべき一つの現象のなかに見るのである。それは、すべての国で、警察力がおびただしく増強されていることである。社会的膨脹が否応なく警察力の増強をもたらしたのである。われわれはそれに慣れっこになってしまったが、現代の大都市の人々が、安全に歩いて仕事に行くために、交通整理をする警察がどうしても必要となるという恐るべき矛盾を、深く心にとめておかなくてはならない。《秩序》を愛する人々が、秩序のためにつくられたこの《社会的秩序を守る権力》は、かれらの好むような秩序を維持することで、いつも満足するだろうと考えるのは、無邪気というものである。しまいには、警察力は、自分の押しつけようとする秩序、いうまでもなく自分に都合のいい秩序を自分で定義し、決定することになるのは避けられない。

この問題にふれたついでに、社会的に必要な制度にたいして二つの社会が見せる反応の仕方がそれぞれ異なることを明らかにする必要がある。一八〇〇年ころ、新しい産業が、ある型の人間――産業労働者――、いわば従来の人間よりも犯罪的傾向の強い人間を生みだしたとき、フランスは大急ぎで、たくさんの警察官をつくった。一八一〇年ころ、イギリスでも、同じ理由から犯罪が増加しはじめ、やがてイギリス人は、自分たちが警察をもっていないことに気づいた。当時、イギリスでは保守主義者たちが政権を握っていた。どうしたものだろうかとかれらは考えた。警察をつくろうか。とんでもないことだ。できるかぎり犯罪を我慢したほうがましだ。「人々は、無秩序が横行するのを、これも自由の代償だと考えてあきらめる」。ジョン・ウィリアム・ウォードは、つづけて次のように書いている。「パリには称賛に値する警察があるが、その利益を得るために、かれらは高い代償を払っている。家宅捜査をされたり、スパイされたり、そのほかフーシェが考えだした悪だくみをとりいれるよりも、三、四年ごとに半ダースの人がラトクリフ街で喉笛《のどぶえ》を切られて死んでいるのを見るほうがましだ」[6]。これが、国家にたいする二つの異なった考え方である。イギリス人は、国家が限界をもつことを望んでいる。

〔1〕哲学が支配するためには、哲学者が支配する――プラトンが最初に希望したのはこれである――ことも、帝王たちが哲学する――プラトンがのちにもっと謙虚に期待した――ことさえも必要ではない。そのどちらも、厳密にいえば、いまわしいことである。哲学が支配するためには、哲学が存在すればよい、すなわち、哲学者が哲学者であれば十分である。約百年もまえから、哲学者は――政治家であったり、教育家だったり、文学者だったり、科学者であったことはあるが――哲学者であることをやめてしまった。

〔2〕『無脊椎のスペイン』〔一九二一〕参照。

〔3〕貴族の主権がブルジョアジーの支配にとって代わられるという偉大な歴史的変化についての、以上の簡単なイメージは、ランケによるものである。しかし、象徴的で図式的なこの真理が、完全に真理となるためには、少なからぬ補足を必要とする。火薬は、はるかむかしから知られていた。火薬を筒のなかに装塡《そうてん》するという発明は、ロンバルディのだれかがやってのけた。それでも、弾丸を鋳造する発明が行なわれるまでは有効でなかった。《貴族》たちも少量の火器を使ったが、それはあまりに高価であった。経済的な組織においてまさったブルジョアジーの軍隊だけが、これを大規模に使うことができたのである。しかし、ブルゴーニュ人からなる中世ふうの軍隊を擁した貴族が、スイス人の構成するブルジョアジーの非職業的な新しい軍隊に決定的に敗退したことは、文字どおり真実である。この新軍隊の実力は、なによりもまず、新しい訓練法を採用したことと、戦術を新たに合理化したことにあった。

〔4〕この点を強調して、ヨーロッパの絶対君主制の時代は非常に弱体な国家によって経営されていたことを指摘するのは、意味のあることだと思われる。これをどう説明したらよいだろうか。国家をとりまく社会はすでに成長しはじめていた。もしも国家が全能であったら——それは《絶対》ではあった——、なぜもっと強くならなかったのだろう。その原因の一つは、まえに記したとおりである。世襲貴族には、技術的な、合理化された、官僚主義的な能力がなかったのである。しかし、それだけではない。そのうえ、絶対主義国家では、あの貴族たちが、社会を犠牲にして国家を大きくすることを望まなかったという事情があった。一般に信じられていることとは逆に、絶対主義国家は、われらの民主主義国家よりも、社会を本能的に、もっとずっと尊敬するのである。われわれの民主主義国家は、

絶対主義国家よりも賢明だが、歴史的責任感では劣っている。

〔5〕セプティミウス・セウェルスが、息子たちに遺言したことばを思いだしていただきたい。「つねに力を合わせよ。兵士たちに金を払え。他のことにはかまうな」

〔6〕エリー・アレヴィ『十九世紀のイギリス国民の歴史』Histoire du peuple anglais au XIXe siècle, 1912参照。

（1）ラテン語の「光を担う者」の意で、黄泉《よみ》の国に落ちる悪魔、あるいは明けの明星をさした。「ルシフェルの反逆」ということばは、聖書では「イザヤ書」〔一四・一二〕に一度だけ現われる。そこでは、ルシフェルはバビロンの王であって、天に昇り玉座を神の星々より高くしてみせると豪語したが、結局、空から黄泉の国に落ちた。これを見た人々は、かつての大王が自分たちと同じ姿になったのを見て驚いたという。普通ルシフェルは、地に落ちた大天使と考えられており、「ルカ福音書」〔一〇・一八〕の「われ天よりひらめく稲妻のごとくサタンの落ちしを見たり」とあるサタンは、ルシフェルと同じものとされている。

（2）*golpe de Estado* つまり「クーデター」は、語源的に、「国家の打撃」の意である。

（3）カエサルの養子アウグストゥスの養子ティベリウス（ティベリウス・クラウディウスの子）が一四年に帝位について以来、暴君ネロの六八年の死まで、ユリウス・カエサルとティベリウス・クラウディウスの系統をひいた四人の皇帝がローマ帝国を支配した。

（4）九六年から一九二年までの七人のローマ皇帝を一括してアントニヌス帝と呼ぶ。

第二部　世界を支配する者はだれか

14　世界を支配する者はだれか

ヨーロッパ文明は――繰り返し述べたように――自動的に大衆の反逆を生みだした。この反逆という事実を表面から見ると、良好な現象のようである。つまり、すでにいったことだが、大衆の反逆とは、われらの時代に人間の生が経験した生の驚くべき増大と同一の事柄だからである。しかし、この現象の裏面は空恐ろしい。つまり、裏面から見れば、大衆の反逆は、人類の徹底的な退廃と同一の事柄だからである。さてここで、その退廃ぶりを新しい観点から眺めてみよう。

I

ある新しい歴史上の時代の本質ないし特徴は、内的変化――人間とその精神の変化――、あるいは外的変化――形式的な、機械的とでもいうような変化――に由来するものである。後者のなかでは、権力の交替が最大のものであることはほとんどまちがいない。しかし、権力の交替は同時に精神の交替とも直接に関係している。

だから、ある時代を理解しようという気持で、その時代を眺めるとき、最初にすべき質問の一つは、「当時の世界を支配していた者はだれか」ということである。その時代に人類が、たがいに交渉がないいくつもの部分に分かれていて、それぞれが閉鎖された独立の世界をつくっていることもあるだろう。ミルティアデス(1)の時代には、地中海的世界は、極東の地があることを知らなかった。このような場合には、個々の独立の集団ごとに、「世界を支配する者はだれか」と質問しなければならないだろう。しかし、十六世紀以来、全人類は、統一への巨大な歩みをはじめ、それがわれわれの時代に終点に達したのである。もはや、人類には、ほかから離れて生きている部分はない――人類の離れ島はなくなったのである。それゆえ、十六世紀以後については、世界を支配する者は、じっさいに世界の上に権威のある影響を与えてきた者だ、ということができる。

ヨーロッパの諸民族からなる同質的な集団が、三世紀にわたって果たしてきた役割は、そのようなものであった。ヨーロッパが支配してきたのだ。ヨーロッパの一方的な支配のもとに、世界は一元的な様式によって、あるいは少なくともしだいに統一されていく様式によって生きてきたのである。

この生の様式は、普通《近代》と呼ばれている。灰色ではっきりしない名称であるが、そのことばの下には、ヨーロッパが指導権をもつ時代という現実が隠されている。

《支配》ということばを、本源的に、物質的な力の行使、物理的な強制力の行使という意味で使っているのではない。私がわざわざそう断わるのは、愚劣さ、少なくともわかりきったひどい愚劣さを避けたいと思うからである。まったく、《支配》と呼ばれる、人間のあいだの安定した正常な関係は、けっして力に依存するものではないのであって、それとは逆である。ひとりの人間、または一群の人々が支配力を行使するのだから、その人々が《力》という社会的装置ないし機械を自由にすることになる。一見して力が支配の基礎であるように見える場合に、これをよく調べてみると、上の（支配はけっして力に依存するものではないという）主張を裏書きする最良の例であることがわかってくる。ナポレオンがスペインに侵略の軍を向け、ある期間、この侵略が続いたのだが、かれが真にスペインを支配したことはただの一日もなかった。というのは、かれは権力をもってはいたが、まさに権力だけしかもっていなかったからである。

侵略という事実ないし過程と、支配という状態とを区別しなければならない。支配とは権威の正常な行使である。それは、つねに世論に基づくのであって、そのことは、現代でも一万年まえでも、イギリス人でも、ボトクド族②でも、同じことである。いまだかつて、もっぱら世論以外のものに支えられて支配した人は世界にひとりもいない。

それとも、世論という主権は、弁護士ダントンによって一七八九年に、あるいは聖トマス・アクィナスによって十三世紀に発明されたものだ、とあなたは信じておられるのか。（世論という）主権の概念は、ある時代にどこかで発見されたものだろう。しかし、世論が人間社会のなかに支配という現象をつくりだす根本的な力だという事実は、人間についてまわる、古くかつ恒久的な事実である。世論が支配をつくりだす力だというのは、ちょうどニュートンの物理学で、重力が運動を生ぜしめる力だ、というのと同様である。世論の法則は、政治史の万有引力（の法則）である。

世論の法則がなくては、歴史科学はなりたたないだろう。だから、ヒュームが鋭く指摘したように、歴史学の課題は、世論という主権は、ユートピア的な待望などというものではさらさらなく、人間社会の上につねにあらゆる瞬間にのしかかってきたものだ、ということを証明する点にあるのである。だから、（古代トルコの）親衛隊の力を借りて支配しようとした者でさえも、親衛兵らの世論に従い、またかれらについて他の住民がもっていた世論に従ったのである。

親衛隊によって支配できるものではない、というのが真実である。だから、タレーランはナポレオンにいったものだ。「陛下、鉄砲でなんでもできますが、ただ一つできないことがございます。それは、その上に坐《すわ》ることでございます」。支配するとは権力を奪取する行為ではなく、それを静かに行使することである。結局、支配するとは席に坐ることである。玉座に、大官の椅子に、議会の正面席の椅子に、大臣の椅子に、司教の椅子に坐ることである。三文小説的なたわいない想像とは逆であって、支配するとは、拳《こぶし》（で撲《なぐ》ること）より、むしろ尻《しり》（で坐ること）の問題である。国家とは、決定的に世論の状態であり、均衡状況、静的な状況である。

じっさいには、ときに世論が存在しないことがある。社会が、反目するいくつかのグループに分かれ、その世論の力が相互に打ち消しあって、支配力をつくる余地がなくなってしまうのである。そこで、自然は真空を嫌うから、世論の不在によってつくられる空白を獣的な力が満たすことになる。結局、獣的な力は、その空白の代用品となってしまう。

したがって、歴史的重力としての世論の法則をきわめて正確に表現したければ、世論不在の場合を考慮に入れなければならない。そうすれば、周知の、尊重すべき、真実をついた常套句《じょうとう》、つまり、「世論に逆らって支配することはできない」という公式に到達することになる。

以上のことから、支配とは、ある意見の、したがってある精神の優勢なことを意味するのであり、支配とは結局、精神的力以外のなにものでもない、ということにわれわれは気づくようになる。歴史的事実がこのことを詳しく証明してくれる。すべての原始的支配は宗教的なものの上に築かれるから、《神聖な》特色をもっている。宗教的なものこそ、(支配の)最初の形式であって、その形式のなかには、のちに精神、思想、意見となり、結局は非物質的、形而上的《けいじじょう》になるものが、つねに含まれている。

中世には、この現象が最大の規模で展開される。ヨーロッパで形成された最初の国家、ないし公権は、特殊な、《精神的力》の主体としての性格をもった教会であった。政治的権力はそれ自体、本来精神的力にほかならず、かつある種の思想が具体的な形をもったものだということを教会から学び、神聖ローマ帝国を建設することになる。

こうして、二つの同様に精神的である権威が争うわけだが、本質において両者は区別できない――どちらも精神的だから――ので、それぞれが一つの時間的範疇《はんちゅう》を占めることで合意に達した。その範疇とは、現世的時間と永遠的時間である。現世的権威も宗教的権威もともに精神的である。しかし、一方は現世の精神――つまり世俗的で、変わりうる世論――であるのにたいし、他方は永遠の精神――つまり神意であり、神が人間とその運命にたいしてもっている考え――である。

だから、あるときに、これこれの人が、あるいはこれこれの民族が、あるいは諸民族のこれこれの同質的なグループが支配しているというのは、あるときに、これこれの意見――つまり思想、偏愛、願望、目的――の体系が世界で優越している、というのと同じことである。

この意見の優越ということをどのように理解すべきであろうか。ほとんどの人間は意見をもっていないから、機械に潤滑油を入れるように、外から意見を注入してやらなくてはならない。したがって、精神――どんな精神であろうとかまわない――が力をもち、意見をもたない人――これが大部分である――が意見をもつように、その力を行使することが必要である。

意見がなければ、人間の共存は混乱に陥るだろう。いやそれどころか、歴史不在となるだろう。意見がなければ、人間の生は、構造も有機性も失うだろう。だから、精神的力なしには、つまり、だれも支配する人がいなければ、かつまたそれが不足していればいるほど、人類の世界に混乱がはびこるのである。また同様に、あらゆる権力者の交替、つまりすべての支配的要素の変化は、同時に、意見の変化であり、それゆえ、歴史的重力の変化そのものである。

さて、また振りだしにもどろう。ここ数世紀のあいだ、類似した精神をもった諸民族の塊であるヨーロッパが、世界を支配してきた。中世ヨーロッパには、現世を支配する者はだれもいなかった。歴史のなかですべての中世は、これと同じであった。だから中世はいつも、比較的に無秩序で比較的に野蛮であり、世論が不足している。中世は、人々が愛し、憎み、切望し、反発し、しかもその強度の強い時代である。しかし、それとは反対に、人々は意見をあまりもたなかった。こういう世の中にも喜びがないわけではない。しかし、偉大な時代には、人類はまさに意見によって生きているのであり、だから秩序がある。中世の向こうがわに、近代のように、支配する者のいた時代を見いだす。それはローマ時代であり、支配した地域は世界のかぎられた部分とはいえ、ローマ人は偉大な支配者であった。ローマは地中海とその周辺に秩序を打ちたてたのである。（第一次大）戦後のこのごろ、人々は、ヨーロッパはすでに世界を支配していない、といいはじめた。そういう人たちは、この判断のもつ重要性がわかっているのだろうか。それは、権力の交替を告げることになる。では、権力はどこに向かって動こうとしているのか。世界の支配者として、ヨーロッパに代わるものはだれか。

だが、だれかがヨーロッパの跡を継ぐというのはたしかだろうか。もしだれもいないとしたら、どうなるのだろうか。

（1）Miltiades. 前五五〇ころ～前四八九。ギリシアの政治家、軍人。
（2）南米熱帯雨林に住む未開部族。

II

世界ではあらゆる瞬間に、したがって、いまの時点においても、無数の事件が起こっている、ということはまぎれもない真実である。だから、世界でいまなにが起こっているかをすべていおうなどと望むことは、自分で自分を愚弄《ぐろう》することだと理解しなくてはならない。しかし、現実のすべてを直接に知ることは不可能なのだから、われわれは一つの現実を任意に構成して、事物はいまこれこれの状態にある、と想像する以外、どうしようもない。

こうすることによって、われわれは一つの図式を、すなわち一つの概念ないし諸概念の枠組を与えられるわけだ。これによって、ちょうど解読格子を通して見るように、本当の現実を眺めるとき、はじめて、現実の概略の姿を知るのである。これこそ科学的方法である。それどころか、知性のすべては、このように用いられるのである。

友人が庭の小道を通ってやってくるのを見て、「あれはペドロだ」というとき、われわれは、故意に、皮肉に、一つの誤りを犯しているのである。なぜならば、ペドロはわれわれにとって、肉体的、道徳的な行動様式の図式的全体——《人格》と呼ばれるもの——を意味するからであり、われわれの友人ペドロが、《われらの友人ペドロ》という概念に、ときによるとほとんど似ていないというのが真理だからである。

概念というものは、どんなに簡単でもどんなに複雑でも、すべて、幾何学的にカットされたダイヤモンドが、爪《つめ》のついた金の台にはめられているように、それ自身の皮肉のなかに、のどかに笑っている歯列のなかにはめられている。

概念は真顔で、「これはAであり、あれはBである」という。しかし、この真顔は、笑いをこらえた真顔である。大笑いを呑《の》みこんで、もし口をよく結んでいなければ、吹きだしてしまいそうな、不安定な真顔である。これはAではない、断じてそうでない、もう一つはこんりんざいBではないことを、概念はよく知っているのだ。概念が厳密に考えているのは、それが口に出していっているのとは少し違うことであって、この二心のなかに皮肉がある。

本当に考えているのは、次のことである。これは、まったく厳密にいって、Aではなく、あれはBではないことを、私は知っている。しかし、私がそれらにたいしてじっさいの行動をとる目的のためには、それらがAとBであると認めることによって、自分自身とうまく折りあいがつくのだ、と。

このような理性の認識論を、ギリシア人が聞いたらいらだつことだろう。なぜならば、ギリシア人は理性のなかに、概念のなかに、現実それ自体を発見した、と信じたからである。それにたいし、われわれは、理性、概念は、生という無限の、きわめて複雑困難な現実のなかにあって、人間が自分自身の状態を明らかにするために必要としており、使用している日用品である、と信じている。

生とは、われわれが事物のなかにあってみずからを維持していくための事物との戦いである。概念は、事物の攻撃に応戦するためにわれわれがつくる作戦計画である。だから、どんな概念でも、それをとことんまで調べてみると、事物自体についてはなにもいわず、要するに、ある人間が事物をもってなにをすることができるか、事物が人間になにをしうるかを、要約していることがわかる。

あらゆる概念の内容は、つねに生と関係しており、つねにひとりの人間の可能な能動あるいは可能な受動を表わしているという、この決定的な見解を主張した人は、私の知っているかぎり、だれもいない。しかし、これはカントにはじまる哲学の発達過程のたえざる目標であった、と私は考える。だから、カントまでの哲学の歴史を、この見解に照らして調べてみれば、すべての哲学者は根本的には同じことをいっていたように見えるだろう。ところで、すべての哲学的発見は、(発見、つまりディスカヴァの意味からして)おおいをとることであり、内部にあったものを表面にひきだすことである。

しかし、私がこれからいおうとしているのは、哲学的問題とほど遠い問題だから、以上の前口上は適当でない。私はただ、今日の世界に起こっていること——歴史の世界の意味である——は、過去三世紀間、ヨーロッパが世界を支配してきたのに、いまやヨーロッパは、支配することにも支配を続けることにも確信がなくなったという、そのことにつきる、といおうとしたのである。

現代の歴史的現実を構成する無限の事物を、このような単純な表現にまとめるのは、うまくいったところで誇張したことになるのはいうまでもない。だからこそ私は、考えるとは、好むと否とにかかわらず、誇張することだ、ということを読者に想起していただく必要があったのである。

誇張したくない人は、沈黙しなければならない。いやそれどころか、自己の知性を麻痺《まひ》させ、白痴になる方法を見つけなくてはならない。

世界で本当に起こっているのは（ヨーロッパが支配することに自信をなくしたという）そのことであり、それ以外のことはすべて、その結果、条件、兆候、挿話である、と私はじっさいに信じている。

私は、ヨーロッパが支配することをやめたといっているのではなく、厳密にいって、ここ何年か、ヨーロッパは、支配しているのか否か、明日支配しつづけるか否か、ということに深刻な疑いをいだいている、といったのである。地球上の他の諸民族のあいだにも、これと対応する同種の精神状態がある。すなわち、現在、自分たちがだれかに支配されているのかどうかにたいする疑念である。かれらもそれについて確信をもっていない。

近年、ヨーロッパの没落についてずいぶん議論されてきた。ヨーロッパ、あるいは西欧の没落の話になったからといって、読者がすぐにシュペングラーのことを考えるほど無邪気な誤りを犯さないでいただくよう、心からお願いする。かれの本が出版されるよりまえに、世界中がそれを話題にしていたし、また、あの本の成功したのは、よく知られているように、そのような疑問や心配が、じつにさまざまの意味と理由によって、すべての人の頭のなかにあったためである。

ヨーロッパの没落があまりに話題になったので、多くの人はそれが一つの事実であると考えるようになった。証拠があって本気でそう信ずるのではないし、ある特定の日から、それを心底から確信するようになったのではないが、ともかくヨーロッパの没落はたしかなことだ、と考えるのに慣れてしまったのである。ウォルドー・フランクの近著『アメリカの再発見』①は、まったくヨーロッパが死に瀕《ひん》しているという前提に立って書かれている。それなのに、フランクは、議論の恐るべき前提となるべき、そのたいへんな事実について、分析もしないし、議論もしないし、疑問視もしていないのである。べつに詮索《せんさく》もしないで、ヨーロッパの没落がなにか確実なことでもあるように、その点から出発する。出発点に見られるこの無邪気な態度は、フランクがヨーロッパの没落を確信していないこと、それどころか、そんな問題をみずから提起したこともないことを十分に考えさせる。電車にでも乗るように、それの前提を気軽にとりあげたのである。まことに決まり文句は、知的世界の交通機関における電車のようなものだ。

また、おおぜいの人がかれと同じことをしている。とりわけ、多くの民族が、いや民族全部がこぞってそれをしている。

現在の世界の示す光景は、典型的に子供っぽいものである。学校では、だれかが先生はどこかへ出ていったと告げると、幼稚な子供たちの群れは躍りあがって規律を乱してしまう。だれもかも、先生がいるために感じていた圧迫感から解放され、規則という首枷《くびかせ》をはずし、大暴れし、自分は自己の運命の主になったと感じて、うれしくてたまらない。しかし、勉強や宿題を強制する規律がなくなってみると、この子供の群集は、本来の用事も、正式な仕事も、意味や継続性や目的のある課題もないのだから、とんぼ返りでもするほか、なにもできないのである。

幼い諸民族が示している軽薄な状態は、嘆かわしいことだ。ヨーロッパが没落し、その結果、支配するのをやめた、と人がいうのを聞いて、それら中小の国々の人々は跳びあがり、手をふりまわし、さかだちをし、反《そ》り身になったり伸びをしたりして、かれらの運命を支配している大人たちのまねをするのである。これが、今日、あらゆるところにかびのようにはびこる《民族主義》のパノラマである。

いままでの諸章で、今日の世界に君臨する新しいタイプの人間の人相書きをつくることに努めてきた。そして、この人々を大衆的人間と呼び、その主要な特徴は、みずから凡庸だと感ずることによって、凡庸への権利を主張し、自分よりも上位の権威を認めるのを拒否することにある、という点も指摘した。もしこのような人間が各民族のなかで支配的になれば、多くの国民を一つの全体として見ると、その国民全体のなかでも同じ現象が生ずることは自然であった。また、相互に比較してみると、大衆的民族というものがあり、このような民族は、歴史をつくってきた人間種族の少数派である創造的な偉大な民族にたいして反逆しようと決意しているのである。いくつかの小共和国が、世界の片隅から、爪先《つまさき》だちになってヨーロッパを弾劾し、その世界史における役割をやめさせると宣言する様子は、まったく喜劇である。

その結果はどうなるのだろう。ヨーロッパは一つの規範の体系をつくりあげ、その有効性と豊かさが何世紀にもわたって証明されてきた。これらの規範は最善のものではなく、最善とはほど遠いものである。しかし、他の規範が存在せず、姿を見せないあいだは、これが決定的な規範であることは疑いない。この規範を凌駕《りょうが》するためには、どうしても新しい規範が生まれなければならない。ところが、大衆的民族は、ヨーロッパ文明という規範体系を老朽したと宣言する決意をしたが、これに代わる体系を創造する能力がないので、なにをしてよいかわからず、ただ時間をつぶすために、とんぼ返りをしているのである。

以上が、世界を支配する者がなくなったとき起こる最初の結果である。他の人々は、反逆をすることによって、仕事もなく生の計画もない状態にとり残されるのである。

（1）フランク（一八八九〜一九六七）はアメリカの批評家、小説家。『アメリカの再発見』The rediscovery of America, 1928は、『われらのアメリカ』Our America, 1919とともに好評を博した。

Ⅲ

あるジプシーが告解をしに出かけたところ、用心深い神父はまず、神の掟《おきて》にある十戒を知っているかどうかとたずねた。それにたいして、ジプシーが答えていうには、「神父様よ、私はそいつを覚えようとしましたんだが、もうそんなものは廃止になるんだという噂《うわさ》を聞いたもんですから……」

世界の現状は、これと同じではないだろうか。ヨーロッパの戒律はもはや効力がないという噂があり、それを聞いた人々は――人間も民族も――、このさいひとつ、戒律なしに生きてやろうとしている。なぜかといえば、ヨーロッパの戒律以外にはほかに戒律が存在していなかったからだ。

現状は、――以前に何度かあったように――新しい規範が生まれて古い規範を排除し、新鮮な熱気がその若い火のなかに、冷却してきたむかしの情熱をも吸収してしまうのとは違う。そうならば、普通の現象であろう。そのうえ、古いものが古くあるのは、老化したからではなくて、そばに若い原理があるからであり、それは、若いというだけで、まえにあった原理を、たちまち古びたものにしてしまうからである。

もし子供がなければ、われわれは年をとらないか、年をとるのにずいぶん時がかかるだろう。同じことが、品物についても起こる。十年まえの自動車は、二十年まえの機関車よりも古く見える。理由は簡単で、自動車製造技術のさまざまの発明が、機関車の場合よりも早かったからである。若い青年が登場することによって起こる老化は、健康のしるしである。

ところが、いまヨーロッパに起こっていることは、不健康で奇妙である。ヨーロッパの戒律は、他の戒律が地平線上に見えるきざしもないのに、その有効性を失ってしまった。ヨーロッパは――人がいうには――支配することをやめたのに、だれがこれに代わるかわからないのだ。ヨーロッパとは、なによりも、また本来、フランス、イギリス、ドイツの三大国を意味する。地球上でこの三国が占めている地域のなかで、人類の生存の様式が成熟し、世界はそれにならって組織されたのである。もし、現在いわれるように、この三国が没落しつつあり、それらの生の計画が効力を失ったとすれば、世界が退廃するのも不思議でない。

そして、これはまぎれもない真実である。全世界が――国民も個人も――退廃している。しばらくのあいだは、この退廃は人を楽しませ、漠然たる夢まで与える。劣等な者たちは、自分の上に載っていた重荷がとれたように思う。十戒は、それが石と青銅の上に書かれたときから、重苦しい性格をもっていた。「支配する」「命ずる」という語の語源は、「荷を積む」「ある人の手の上になにかを置く」ことを意味する。命ずる人は、「荷厄介《にやっかい》(1)」であらざるをえない。世界中の劣等者は、自分たちが荷を負わされ、任務を与えられてきたことにもうあきており、わずらわしい命令から解放されたいまの時代を、お祭り気分で楽しんでいる。しかし、祭りは長く続くものではない。一定の仕方で生きることを強制する戒律がなければ、われわれの生は、まったく待命状態になってしまう。これが、世界の最良の青年たちが直面している恐るべき心理状態である。

かれらはただ自由であると感じ、束縛がないと感ずることによって、自分が空虚だと感ずるのである。待命状態の生は、死以上に自分自身を否定するものだ。なぜなら、生きるとは、なにか特定のことをしなければならないこと――ある任務を果たすこと――であり、われわれの生存をなにかに賭《か》けることを避ける度合に応じて、われわれは生を空虚なものにするのである。じきに、全地球上に恐るべき叫び声が聞こえるだろう。だれかが、またなにかが命令してくれるように、仕事か義務を課してくれるように、と懇願するその声は、無数の犬の吠《ほ》え声のように、星まで届くことだろう。

私は上のことを、ヨーロッパはすでに支配していないと、子供のような自覚のなさでわれわれに告げる人々にたいしていいたいのである。支配するとは、人に仕事を与えることであり、かれらを自己の運命のなかに、枠のなかに押しこむことであり、常軌を逸するのを禁ずることである。常軌を逸することは⑵、放浪⑶、空虚な生、荒廃であるのが普通である。

ヨーロッパが支配をやめたとしても、もしもだれかヨーロッパにとって代わる能力のある者がいれば、問題はないだろう。しかし、そんな者は影さえ見えない。ニューヨークとモスクワは、ヨーロッパと比較してなんら新しくない。そのどちらもヨーロッパの戒律に属する二つの部分であったが、ヨーロッパの他の地域から切り離されたとき、その意味を失ってしまった。

本当のところ、ニューヨークとモスクワの話をするのは、いやなことだ。というのは、それらがなんであるのか、十分にわからないからだ。ただ一つわかっているのは、そのどちらについても決定的なことはなにもいわれたことがない、ということである。しかし、たとえそれらがなんであるか十分にわからなくとも、それらの一般的な性格を理解するくらいのことはできる。じっさい、両者は、私がときに《歴史的カムフラージュの現象》と呼んだものと完全に合致する。カムフラージュとは、本質的には、外見と違う現実である。その外見は、実質を明らかに見せる代わりに、隠すのである。だから、たいていの人はだまされてしまう。ただ、まえもって、一般的に、カムフラージュというものが存在することを知っている人だけが、カムフラージュのごまかしからまぬがれることができる。同じことが蜃気楼《しんきろう》についてもいえる。概念をもっているときにのみ、視覚の誤りを正すことができるのである。

歴史のカムフラージュという現象のなかには、上下に重なった二つの現実がある。一つは深層にあり、本物で、実質的であり、もう一つは見せかけで、偶然的で、表面的である。たとえば、モスクワは、ヨーロッパの現実とその問題を考慮しながら考えだされたヨーロッパの思想の薄膜――マルクス主義――をつけている。その下には、ヨーロッパとは人種的に異質であるばかりでなく、――それよりももっと重要なことだが――われわれとは年齢の違う民族が隠れているのである。それは、まだ発酵中の、つまり青春の民族である。

マルクス主義が――工業をもたぬ――ロシアで勝利をおさめたのは、マルクス主義にとって起こりうる最大の矛盾であるといえるかもしれない。しかし、じっさいはそのような矛盾は存在しない。なぜならば、そのような勝利も存在しないからである。ロシアは、ドイツ人が神聖ローマ帝国のローマ人であったという程度にしか、マルクス主義者でない。若い民族は、理念をもたない。かれらは、古い文化の存在する、あるいはそれまで存在していた環境のなかで育つときに、古い文化が提供する理念で身を包むのである。ここにカムフラージュとその原因がある。

他の機会に何度か指摘したことであるが、民族の進化には二つの大きな型があることが忘れられている。文明が全然存在しない《世界》に生まれた民族がある。たとえば、エジプトや中国である。このような民族においては、すべてが土着であって、かれらの行動は、明快で、直接的な意味をもっている。しかし、そのほかに、長い歴史をもつ文化によっておおわれた環境のなかから生まれ発展する民族がある。たとえば、ローマがそれであって、これは、ギリシア・オリエントの文明が溶けこんでいる地中海のまっただなかで育ったのである。だから、ローマ人の行動の半分は、自前ではなく、学んだものである。

学び、受けいれた行動はつねに二重性をもっており、その真の意味は直線的でなく、斜めである。ほかから学んだ行動をする――たとえば、外国語の単語を使う――人は、その背後で、自分の、本来の行動をしている。たとえば、外来語を自国語に翻訳しているのである。だからして、カムフラージュの正体を見るためには、斜めにのぞくことも必要になる。辞書をわきにおいて原典を訳している人の目つきが、ちょうどこれである。

私は、スターリンのマルクス主義がロシア史の書物のなかに翻訳されて姿を現わすのを期待している。(4) というのは、スターリンのマルクス主義のもっている力は、ロシア的であることによるのであって、共産主義に由来するのではないからである。どうなることかだれにもわからない。ただ一つたしかなのは、ロシアが支配権を望むまでにまだ何世紀も必要だということだ。ロシアはまだ自分の戒律をもっていないから、マルクスのヨーロッパ的原理に帰依しているふりをすることが必要だったのだ。青春がありあまっているので、こういう虚構だけで満足していたのだ。青年は生きるための理由を必要としない。ただ口実を必要とするだけだ。

ニューヨークでも、これときわめてよく似たことが起こっている。アメリカの現在の力を、かれらが服している戒律のせいにするのは、やはりまちがいである。

その戒律は結局、次のものに帰するのである。技術。なんという偶然の一致だろうか。これもまたアメリカではなく、ヨーロッパの発明である。技術は十八、十九世紀のヨーロッパによって発明されたのである。これはまたなんという偶然であろうか。まさにこの二世紀のあいだにアメリカは生まれたのである。ところが、真顔で、アメリカの本質は生の実際的、技術的な概念である、という人がある。

本当は、アメリカは、植民地がすべてそうであるように、古い諸人種、とくにヨーロッパの諸人種がもとにかえったもの、若がえったものである、というべきなのだ。ロシアの場合とは理由は違うが、アメリカ合衆国もまた、われわれが《若い民族》と呼ぶ、特殊な歴史的現実の一例である。

若い民族というのを、人はたんなることばだと考えているが、これは、人間の青春と同じように実在するものである。アメリカはその若さのゆえに強い。かれらは若さのゆえに現代の《技術》という戒律に仕えたのである。もし仏教が当節の戒律であれば、これに奉仕したかもしれない。しかしアメリカは、こうして、やっとその歴史をはじめたところだ。やがて、その苦悶《くもん》と軋轢《あつれき》と葛藤《かっとう》がはじまるであろう。まだいろいろな目にあわなければならない。そのなかには、技術と実際主義に真向から対立するものもある。

アメリカはロシアよりも若い。誇張になるのを恐れながら、私がいつも主張してきたことだが、アメリカは最新の発明によってカムフラージュした原始的民族であったのだ[1]。近ごろ、ウォルドー・フランクが、『アメリカの再発見』のなかで、そのことを率直に認めている。アメリカはまだ苦労していない。だから、アメリカが支配する資質をもっていると考えるのは幻想にすぎない。

だれも支配する者がない、だから、歴史の世界はふたたび混沌《こんとん》状態になる、という悲観的な結論に陥るのを避けたい人は、出発点にもどって、まじめに次のような設問をしなければならない。ヨーロッパが没落しつつあり、支配権をあきらめ、退位しようとしているということは、みんなのいうほどたしかなのだろうか、と。この見かけ上の没落は、ヨーロッパを文字どおりヨーロッパたらしめる、よい意味での危機ではないだろうか、と。

ヨーロッパ諸国民の明らかな没落も、もしいつの日か、複数のヨーロッパが正式に統一されてヨーロッパ合衆国になることが可能だとすれば、そのためにそれはどうしても必要だったのではないだろうか、と。

〔1〕『観察者』第七巻のなかの論文「ヘーゲルとアメリカ」Hegel y América 参照。

（1）*cargante. cargar*（荷を積む）から派生。

（2）*extravagancia.*

（3）*vagancia.*

（4）スターリンのマルクス主義を書くのではなく、革命をなしとげたロシア民族の歴史が書かれることを望む、の意であろう。

Ⅳ

支配と服従の機能は、すべての社会で決定的なものである。だれが支配し、だれが服従するかという疑問が社会にくすぶっているかぎり、それ以外のすべてのことも、乱れてぶざまになる。

天才の場合を除けば、各個人のもっとも深い部分までかき乱され、にせものとなるであろう。

もしも人間が孤立した存在であって、偶然的に他人との共同生活に巻きこまれたというのであれば、ひょっとして、命令者や権力の交替と危機によって起こるもろもろの影響を受けずにいられるかもしれない。しかし、人間はそのもっとも本質的な特質からいって社会的なのであるから、厳密にいえば、直接的には社会集団だけに影響を与えるにすぎない変化によって、自分の内的な特性までも攪乱《こうらん》されてしまうのである。だから、もし個人だけをとりあげて分析すれば、それ以外の資料がなくとも、かれの国では支配と服従に関してどういう意識をもっているかを推察することができるのである。

平均的なスペイン人の個性をこの実験にかけてみることは興味もあるし、たぶん有益であろう。しかしながら、その作業は、腹だたしくもあり、たとえ有益だとしても憂鬱《ゆううつ》なことだろう。だから、ここではやらないことにする。しかし、もしもその実験をしてみれば、スペインは何世紀ものあいだ、支配と服従の問題に関して汚れた良心をいだいてきた国であるというそのことが、わが国の平均的人間の内面的な退廃と卑劣さをもたらしたさまを、たっぷりとお目にかけることができると思う。

卑劣さとは、変則性を、つまり、受けいれたところで不当であるとみえすいている状態を、習慣的な確立した状態として受けいれることにほかならない。本質的に罪であり異常なものを健全な正常なものに改変することは不可能であるから、個人は不当なことに適応しようとし、結局、不当なものに内在している罪と変則性とに完全に同質化してしまう。これは、ことわざにいう「一つの嘘《うそ》は百の嘘をつくる」というのと似た過程である。

支配すべきでない人間が支配しようと欲した時代を、どこの国民も経験してきた。しかしほかの国では、強い本能によって国民のエネルギーが集中され、支配への変則的な野望を拒否したのである。一時的な変則性を排除し、それによってかれらの社会道徳を回復したのである。

しかし、スペイン人はそれとは逆のことをした。スペイン人は、自分の内奥の良心が拒絶している人間による支配に反抗する代わりに、このはじめの欺瞞《ぎまん》にうまく適合するように、自分の全存在を偽造することを好んだのである。こんなことがわが国に続いているあいだは、スペイン人種からなにかを期待してもむだである。その国家、あるいは支配権力が構造的に偽りである社会が、歴史のなかで品位をもっておのれを持するという困難な仕事に耐えるだけの、弾力ある力をもつことは不可能である。

したがって、世界を支配しているのはだれかという問題に、わずかな疑いと、かすかな迷いが生じただけで、すべての人々が——その社会的な生においても、個人的な生においても——退廃しはじめたのはなんら不思議でない。

人間の生は、本来の性質からして、なにかに賭けねばならない。つまり、光栄ある、あるいは謙虚な事業に、あるいは輝かしい、あるいは平凡な運命に賭けねばならない。これは奇妙な条件ではあるが、われわれの生存に刻みこまれた逃れようのない条件である。生きるとは、一方では、各自が自分で自分のためになにかをすることである。他方では、私の生、私だけに重要な生は、これをなにかに捧《ささ》げなければ、緊張も《形》もなくなって、がたがたになってしまうだろう。

近年は、身を捧げるべきものがないので、無数の生が自分自身の迷路に迷いこんでいる、その大スペクタクルを目撃しているところである。すべての命令、すべての規律は中止状態にある。この状況は、ことによると理想的であるように見えるにちがいない。というのは、ひとりひとりの生は、自分の好きなことをし、自分のことにかまける絶対の自由を得たからだ。

民族についても同じことである。ヨーロッパは、世界に及ぼすその圧力をゆるめてしまった。しかし、その結果は、予期に反していた。ひとりひとりの生は、自由気ままになると、なにもすることがなくて、自己の内部にとどまり、空虚になってしまう。そして、なにかで自分を満たさなければならないので、自分を捏造《ねつぞう》し、あるいは気まぐれに自己を偽装して、自己の内部のまじめなものに命ぜられたのではない、にせの仕事に従事する。今日なにかをすると、明日は別の、今日とはあべこべのことをするといったありさまである。ただ自分自身に出あうときに、途方に暮れるのである。

利己主義は迷路である。それももっともなことだ。生きるとは、なにかに向かって放たれることであり、ある目標に向かって進むことである。その目標は歩むことではなく、私の生でもない。それは、私が生を賭けたあるものであり、だからこそ私の生の外に、もっと向こうにあるものである。私が利己的に私の内部だけを歩こうと決意したら、私は前に進まないし、どこにも到着しない。同じ場所をぐるぐるとまわっているだけである。これが迷路であり、自分の内部だけをひたすら歩いているのだから、どこにも到着しない、みずからのなかに迷いこむ道である。

（第一次大）戦後、ヨーロッパ人は、自己の内部に閉じこもり、自分たちの事業も、他人に与える事業もなくしてしまった。だから、歴史的に見て、十年まえとなんら変わらぬ状態にあるのである。

支配は、理由なく行なわれるものではない。支配とは、他人の上に及ぼされる圧力である。しかし、それだけではない。もし他人にたいする圧力にすぎなければ、それは暴力と同じであろう。支配することとは、だれかに命令することと、なにかを命令することという、二つの働きをもっている。そして、だれかに命令することとは、結局、なにかの事業に、大きな歴史的運命に、参加せよということである。だから、生の計画がなくては、もっと正確にいえば、支配者としての生の計画のないような支配などというものはないのである。シラーの詩に歌われているように、

王様たちが建築するとき、

車夫たちの仕事ができる①

だから、偉大な民族——偉人の場合もそうであるが——の活動が、たんに利己的な気持でなされているのだと思う、くだらない意見に与《くみ》するのはよろしくない。純粋に利己主義者であることは、人の考えるほど容易なことではないし、純粋な利己主義者で勝利をおさめた人はない。偉大な民族や偉人が利己主義に見えるのは、みずからの生を一つの事業に賭ける人が行動するにあたってもたねばならぬ、やむをえぬきびしさのためである。

われわれが本当になにかをしようとし、ある企画に身を捧げたとき、通行人の世話をやくために時間をさいてくれとか、ちっぽけな隣人愛のために働いてくれとか人に頼まれても、聞きいれるわけにいかない。

スペインを旅行する人をいちばん喜ばせることの一つは、街中でだれかに、これこれの広場や建物がどこにあるかとたずねると、相手は自分の行こうとしていた道を行くのをやめて、親切にもこの旅人のために犠牲となり、その人の行きたい場所まで案内してくれることがよくある、という点である。私は、善良なスペイン人のこの行為のなかには、親切という要素もありうるということは否定しないし、外国人がこのように解釈するのをうれしく思う。

しかし、このことを聞いたり読んだりしたとき、私は、道を聞かれたわが同胞は本当にどこかに行こうとしていたのであろうか、という疑いが起こるのを抑えることができない。というのは、往々にして、スペイン人はどこに行こうとしているのでもなく、計画も使命もなく、むしろ、他人の生が、いくらかでも、自分の生を満たしてくれはしないかと思って、外に出かけていくことがありうるからである。多くの場合、わが同胞は、だれか案内してあげられる旅人に出あわないかと思って、しばしば表に出ていくことを、私はよく知っている。

現在までヨーロッパによって行なわれてきた世界の支配についての疑念が、若くてまだ先史時代にある民族を除く他の民族を退廃させているということは重大である。しかし、この足踏み状態が、ヨーロッパ自体を完全に退廃させるにいたったことは、もっとずっと重大である。私がこういうのは、私がヨーロッパ人であるとか、どこの人間だとかいうこととはなんの関係もない。また、もしヨーロッパが次の時代を支配するのでなければ、世界の生は私にとって興味がなくなる、といっているのでもない。

もしも今日、ヨーロッパの支配にとって代わり、世界に方向を与える能力をもった民族集団が存在しているならば、ヨーロッパの支配がやんだからといって私はべつにかまわない。しかし、そのような民族集団の存在することさえも望まない。支配者がないためにヨーロッパ人の徳と資質を一切合財消滅してしまうということがなければ、支配する者がなくても我慢するであろう。

さて、この最後に述べた事態はどうしても避けがたい。もしヨーロッパ人が支配しないことに慣れてしまえば、一世代半もすればまちがいなく、ヨーロッパが、そしてそのあとで全世界が、道徳的無気力、知的不妊、全体的な野蛮状態に陥るであろう。本来ヨーロッパに内在する支配の夢と、その夢によって鼓舞された責任感に基づく規律だけが、西欧の魂を緊張状態にたもつことができる。科学、芸術、技術、その他のいっさいは、支配者としての自覚から生まれた緊張した空気を吸って生きているのである。

もしもこの自覚がなければ、ヨーロッパ人は堕落していくだろう。そして、ヨーロッパ人の精神は、すべての面において新しい大きな理念をとらえるために力強く大胆に執拗《しつよう》に身を挺《てい》した、かつての根強い自信を失ってしまうだろう。ヨーロッパ人は、決定的にその日暮らしの人間となるだろう。創造的な壮麗な努力ができなくなり、永遠に過去へと、習慣へと、決まりきった仕事へと、落ちていくだろう。衰退期のギリシア人のように、ビザンティン期の人々のように、げすっぽい、形式ばった、空虚な人間となってしまうであろう。

創造的な生は、きびしい節制、偉大な徳性、尊厳の意識をかきたてる絶えざる刺激を前提とする。創造的な生はエネルギッシュな生であり、それは、人が次の二つの状態のいずれか一方にあるときにだけ可能である。つまり、みずから支配するか、あるいは、だれかが支配し、われわれが完全な支配権を認めている人の支配する世界に住んでいるか、いいかえれば、支配しているか、服従しているか、この二つである。しかし、服従するとは我慢することではなく——我慢するとはいやしくなることである――、それとは逆で、支配する人を尊敬し、その人の命に従い、その人と連帯責任を負い、その人の旗のもとに熱意をもって加わることである。

（1）シラーの「カントとその解説者たち」（一七九六年、『クセニエン』五三）にあることば。ここでは、カントを王に、解説者たちを車夫にたとえている。

V

ここで、この論文の出発点、すなわち、近年、ヨーロッパの没落があれほど話題になるという、奇妙な事実にもどる必要がある。この没落がはじめに非ヨーロッパ人によって指摘されたのではなく、ヨーロッパ人自身がその発見をしたという事実が、すでに驚くべきことである。

ヨーロッパ大陸以外の人がだれひとりとしてそのことを考えなかったときに、ドイツ、イギリス、フランスの何人かの人が、次の暗示的な問いを思いついた。われわれは没落しはじめたのではなかろうか。この考えはジャーナリズムで大きくとりあげられたので、今日では全世界が、ヨーロッパの没落を、否定しがたい現実であるかのように話している。

しかし、軽薄な身振りでそのことを話す人をつかまえて、かれの診断はどんな具体的で明瞭《めいりよう》な現象に基づくのかをたずねてみるとよい。たちまち諸君は、相手が、心もとない身振りをし、絶望的に腕を上に差しのばすのを見るだろう。これは、海で遭難したすべての人特有の身振りである。なにをつかんだらいいのか、かれにはじっさいわからないのである。

ヨーロッパの現代の危機を定義しようとするとき、たいして正確なことはわからないながら、ともかく見いだしうる唯一のことは、ヨーロッパ各国が今日直面している経済的困難の全体像である。しかし、この困難さの性格をもう少しはっきりさせようとすると、どれ一つとしてその困難さが富の創造力に甚大な悪影響を与えているわけではないし、いままでにも、ヨーロッパは、この面ではるかに深刻な危機を経てきたことに気づくのである。

それでは、今日のドイツ人やイギリス人が、いままでよりもさらに多く、さらによいものを生産する能力があるという自信をもっていないというのだろうか。けっしてそんなことはない。したがって、今日の経済的分野におけるドイツ人やイギリス人の精神状態をはっきりさせることがきわめて重要である。というのは、不思議なことに、かれらの気分が低下しているのはたしかであるが、それは能力の不足を感じていることに起因するのではなく、それとは逆で、かつてないほどの潜在力をもっていることを感じつつ、しかもかれらがやる気ならばやれることを邪魔するいくつかの致命的な障害にぶつかっていることに起因するのである。

今日のドイツ、イギリス、フランスの経済における致命的な限界とは、各国の政治的国境のことである。したがって、正真正銘の困難は、いまもちあがっているある種の経済問題から生ずるのではなく、経済的能力を発揮させるべき社会生活の形式がこの能力の規模と不釣合いだ、ということに根ざしているのである。

私の考えでは、否定の余地がないほど、近年のヨーロッパの生命力の上に重くのしかかっている衰退、無力の感覚は、現在のヨーロッパのもつ潜在力の規模と、その力を発揮すべき政治組織の大きさとのあいだに釣合いがとれていないことによるのである。緊急の重大な問題を解決しようとする意欲はかつてないほど強いのに、自分の入れられている鳥籠《とりかご》が小さいので、すぐにつかえてしまう。ヨーロッパがいままで小国に分かれて組織されてきたため、その小国の枠につかえてしまうのである。今日、ヨーロッパ大陸の魂の上に重くのしかかっている悲観論と無気力は、羽を鳥籠にぶつけている、大きな翼をもった鳥の気持に似ている。

その証拠には、この不釣合いな組合せは、経済とは要因をまったく異にするように見えるあらゆる分野にわたって認められるのである。たとえば、知的生活がそうである。今日のドイツ、イギリス、フランスのすぐれた知識人はだれでも、自分の国の境界のなかで息苦しさを覚えており、自分の国籍を絶対的な限界だと感じている。

ドイツの教授は、自分をとりまく教授たちの社会が要求する業績発表の形式がばかげたものだということに、すでにはっきりと気づいており、フランスの作家やイギリスの随筆家が享受している、より高い表現の自由を羨《うらや》んでいる。

また逆に、パリの文筆家は、フランスに生まれたためにしょいこんだ文学的尊大さ《マンダリニスム》や、言語の形式主義の伝統がもうひからびてしまっていることを理解しはじめており、この伝統の最良の長所を保存しながら、それを、ドイツの教授たちのもついくつかの長所と総合することを望んでいる。

国内政治についても、同じことが起こっている。すべての大国の政治的生がなぜこれほど苦しんでいるのかという奇怪きわまる問題は、まだ徹底的に分析されていない。民主主義の諸制度は権威を失墜したといわれる。これはまさに説明を要する事柄であろう。なぜならば、それは奇妙な権威失墜だからである。しかし、議会はどこでも悪口をいわれている。しかし、有力な国々でも、その代わりとなる制度を考えているとは見えないし、少なくとも観念的にでも、より好ましいと思われる国家形態についてのユートピア的な輪郭すらもできあがっていない。だから、見かけ上の権威失墜が本当だと信じこんではならないのである。

ヨーロッパでうまくいかないのは、社会生活の道具としての制度ではなくて、それを運営する仕事である。生がヨーロッパの個人個人のなかでもつにいたったじっさいの規模と釣合いのとれた大きな計画がないのである。

ここになんらかの視覚の誤りがあるわけで、これをいっぺんになおしてしまう必要がある。なぜならば、たとえば議会に関して、年がら年じゅうばかげたことを聞かされるのはやりきれないからである。伝統的議会の運営方式についての反対ならば、いくらでも妥当なものがある。しかし、それを一つ一つとりあげてみると、議会を廃止すべきだという結論に導くものは一つもなく、逆に、議会を改革する必要があることを直接明瞭に示しているのである。

さて、ある事柄について、人間の立場からいえる最良のことは、それを改良する必要があるということだ。なぜならば、改良を要するというのは、そのことが必要不可欠なものであり、また新しい生をもちうるものであるということを、意味しているからだ。今日の自動車は、一九一〇年の自動車にたいする非難から生まれたものである。しかし、世間一般の議会軽視は、そのような非難から生まれたものではない。

たとえば、議会は能率的でないといわれる。それならば、次のように問うてみるべきである。なににたいして能率的でないのか。というのは、能率とは、ある道具がある目的を達するためにもっている能力だからである。議会の場合の目的とは、それぞれの国で公共の諸問題を解決することであろう。

そこでわれわれは、議会の非能率を叫ぶ人に、現代の公共問題の解決とはなにかについてはっきりした観念をもつことを要求する。なぜなら、もしそうでなければ、なすべきことはなんであるかが、今日、どこの国でも、理論的にさえはっきりしていないのに、制度的な道具を非能率よばわりするのは無意味だからである。

むしろ、十九世紀の議会制国家ほど能率的な、すぐれた国家をつくりだした制度はかつてなかったことを想起したほうがよい。この事実を忘れるのは、自分のまぬけぶりを示すことであるといってよいほどに、それは明白な事柄である。だから、立法議会が《ますます》能率的になるように、これを根本的に改革する可能性、緊急性と、それが非能率であると宣言することとを、混同してはならない。

議会の権威失墜は、よく知られたその欠陥となんの関係もない。それは政治的な道具としての欠陥とは全然無関係な原因によるのである。つまり、ヨーロッパ人が、この道具の使い方を知らないこと、伝統的な社会生活の目的を尊重しないこと、結局、自分が登録され閉じこめられている国民国家についての夢をもっていないことに基づくのである。よく知られたその権威失墜の現象を少し注意して観察すれば、たいていの国々の市民たちは、自分の国家にたいする尊敬の念をもっていないことがわかってくるだろう。尊敬されないのは、もはや小さくなってしまった国家自体であって、(国家の内部の)もろもろの制度ではないのだから、制度の細部を変えてもまったくむだだろうと思われる。

経済的、政治的、知的ないろいろな企画のなかではじめて、自分の国という限界にぶつかった結果、ヨーロッパ人は、それらの計画が——つまり生の可能性が、かれの生の様式が——、自分を包含している集合体の大きさと釣合いがとれないことを感じているのである。そして、イギリス人やドイツ人やフランス人であるのは田舎者《いなかもの》であることだ、ということを発見したのである。

かれはまえよりも《小さくなった》ことに気づいた。というのは、以前は、イギリス人もフランス人もドイツ人も、それぞれ自分が世界であると信じていたからである。私はこの点にこそ、今日のヨーロッパ人を悩ましている没落という印象の起源があると思う。これはしたがって、純粋に心理的であり、また逆説的な起源である。なぜならば、縮小したという推定は、まさに自己の能力が増大して、もうはいりきれなくなった古い組織にぶつかったために生じているからである。

以上述べたことを明らかにするしっかりした証拠がほしければ、なんでもよいから、具体的な活動を例にとればよい。たとえば、自動車の製造を考えよう。自動車は純粋にヨーロッパの発明である。しかるに今日では、この製品の製造では、北米のほうがまさっている。その結果、ヨーロッパの自動車は没落しつつあるということになる。

だがしかし、ヨーロッパの自動車生産者——事業家と技術者——は、アメリカの自動車産業のほうがまさっているのは、アメリカ人が特殊な能力をもっているからではなくて、たんに、アメリカの産業は、その一億二千万人にたいし、なんの障害もなく製品を提供しうるという利点によるのだ、ということをよく知っている。

ヨーロッパの一つの自動車製造会社が、全ヨーロッパ諸国とその植民地と保護領からなる市場をもつと想像してみるとよい。五億から六億の人間のためにつくられるその自動車が、《フォード》よりもずっとすぐれ、ずっと安いことを疑う人はあるまい。アメリカの技術がとくにすぐれているのは、ほとんどまちがいなくその市場が広く同質的であるということの結果であって、原因ではないのである。産業の《合理化》は、その大きさから来る必然的な結果である。

したがって、ヨーロッパの実情は、次のようにいうことができるであろう。つまり、ヨーロッパは長いすばらしい過去を経て、新しい生の段階に達し、いまではあらゆるものが増大している。しかるに一方では、その過去から生き残ってきたいろいろな構造は矮小《わいしょう》であって、今日の発展の障害となっている。ヨーロッパは、小さなたくさんの国の集まりとして形成されてきた。ある意味で、国民という思想や感情は、もっともヨーロッパ的な性格をもつ発明であった。しかしいまは、自分自身を乗りこえることを強制されている。

これが、来たるべき何年かのあいだ演ぜられる巨大な劇の筋書きである。ヨーロッパは過去の遺物をふるいおとすことができるだろうか。それとも、永遠にその遺物に捕われてしまうだろうか。私がそういうのは、伝統的な国家観念を変革することができなかったために一つの偉大な文明が死んだ例が、歴史のなかにあるからである。

Ⅵ

ギリシア、ローマの受難と滅亡について、以前にかなり詳しく語ったことがあるので(1)、それを参照していただくとして、いまはこの問題を別の角度からとりあげることにしよう。

ギリシア人とラテン人が歴史の舞台に現われたとき、巣箱のなかに住む蜜蜂《みつばち》のように、都市、つまりポリスのなかに住んでいた。本書では、このことが神秘的な起源をもつ絶対的な事実であるとみなす必要があるのであって、もっとまえにさかのぼることはやめて、この事実から出発しなくてはならない。それはちょうど動物学者が、地蜂は単独で生き、遊動性があり放浪生活をするのにたいし、黄金蜂は巣をつくり集団として生活する、というなまの説明不能なデータから出発するのと同じである(2)。

発掘や考古学的研究のおかげで、アテナイやローマの存在するよりまえに、アテナイやローマの地下にはなにがあったかがわかっている。しかし、純粋に農村的で特殊性のないこの先史時代から、両半島に実った新しい果実である都市の出現までの移行期は、やはり神秘のヴェールに包まれている。そのうえ、史前時代の民族と、人類文化の目録に、一つの大きな革新をもたらした、あの不思議な共同体とのあいだの、人種的結びつきすらもわからない。その革新というのは、公共広場をつくり、周囲の原野から切り離された都市をつくったことである。

じっさい、都市とかポリスについてのいちばん的確な定義は、大砲についてのふざけた定義、つまり、手で穴の形をつくりなさい、それにしっかりと針金を巻きなさい、そうすれば大砲ができます、というのときわめて似ているのである。似ているというのは、都市ないしポリスは一つの空地、つまりフォールム[1]やアゴラ[2]からはじまったのであり、それ以外は、その空地を確保し、空地の輪郭を定めるための手段にすぎないからである。

ポリスは、第一義的に、居住家屋の集合ではなくて、市民の集会場であり、公共の機能のために境界を定められた場所である。都市は、牧舎や人家のように、雨露をしのいだり子を産んだりするという、私的な、家族的な目的ではなく、公共の事柄を議するためにつくられているのである。

このことは、まさに新しい型の空間が、アインシュタインの空間よりもはるかに新しい空間が発明されたことを意味している、という点に留意していただきたい。それまでは、ただ一つの空間、つまり原野が存在していた。そして人々は、この空間が人類の生活にもたらすあらゆる条件に縛られながら生きていた。農民はまだ植物的であった。かれの生存、かれが考え、感じ、欲することには、植物の生活に見られる無意識の眠気が残されている。アジアやアフリカの大文明は、その意味で、偉大な類人植物であった。

しかし、ギリシア・ラテン人は、原野から、《自然》から、地質的・植物的宇宙から、自分を分離しようと決意する。それにはどうしたらよいだろうか。原野から、人間はどのようにして逃避できるだろうか。もし、大地のすべてが原野であり、原野が無限であれば、どこに行ったらよいのか。答えはきわめて簡単である。原野の一部を壁で囲って、無形の無限の空間にたいして、囲まれた有限の空間をつくればよい。

こうして広場《プラザ》ができる。それは家のような、また原野に存在する洞穴のような、上から閉ざされた《内部空間》ではなく、純粋に単純に、原野の否定である。広場は、それを囲む壁のおかげで、原野の他の部分に背を向け、他の部分を排除し、これと対決する、原野のなかの一片の土地である。無限の原野からの分離を敢行し、原野にたいして自己を守る、この小さな反逆する空間は、廃止された原野であり、それゆえ、類例のない、真新しい空間であって、ここに人間は、植物や動物との共生関係から解放され、これらを外に追いだして、純粋に人間的な別世界をつくるのである。

これは市民的空間である。だからこそ、偉大な都会人であり、ポリスからにじみでる汁のエッセンスともいうべきソクラテスは、《私は原野の樹木とは関係がない。私に関係があるのは、都市の人間だけである》といったのであろう。インド人、ペルシア人、中国人、エジプト人は、とてもこんなことを理解しなかっただろう。

アレクサンドロス大王とカエサルの時代までのギリシアとローマの歴史は、右に述べた二つの空間のあいだのたえまない戦いであった。つまり、理性的な都市と植物的な田野と、法を与えるものと百姓と、法と農とのあいだの戦いであった。

都市の起源に関する以上の説は、私が勝手につくったもので、せいぜい象徴的な真理にすぎない、などと思わないでいただきたい。ギリシア、ローマの都市の住民は、その記憶のもっとも奥深い基層のなかに、シノイキスモス③の記憶を、不思議な強さでもちつづけているのである。原典をさがしだす必要もないから、ここでは、そのことばを翻訳しさえすればよいだろう。シノイキスモスとは、いっしょに住もうとする合意であり、したがって、アユンタミエント④であって、この語の物的、法的な二様の意味と、厳密に一致する。

平野に植物的にちらばった時代の次に、都市に市民が集中する時代が続く。都市とは超＝家、つまり人間以下の動物のすみかや巣を越えたものであり、家族的な家〔オイコス〕よりも抽象的で高次の実体が設定されたのである。それは男と女によって構成されるのではなく、市民によって構成されるレプブリカ、ポリテイア⑤である。こうして、原始的で動物に近い次元には還元できない一つの新しい次元が人間存在に捧げられたのであり、そのなかで、以前にはたんなる人間にすぎなかった者たちが最善のエネルギーを発揮しようとするのである。こうして、都市がそのまま国家として生まれるのである。

ある意味で、地中海沿岸地域全体が、いつもこの国家形態を目ざす自発的な傾向を示してきた。純粋さの度合は異なるが、アフリカ北部〔カルタゴは都市の意味である〕が同様の現象を繰り返した。イタリアは十九世紀まで都市国家の状態から抜けださなかったし、（スペインの地中海沿岸の）レバンテ地方は、ややもすれば、諸郡分立主義に陥りかねないが、これは何千年間にわたる伝統の影響である。[3]

都市国家はその構成要素が比較的わずかなので、国家原理の特性を明瞭に見せてくれる。一方では、《国家》[6]ということばは、歴史的諸力が平衡と定着の状態にはいったことを示す。この意味で、国家は歴史的運動に対立するものである。つまり、国家とは、安定した、建設の終わった、静的な共同生活である。しかし、不動性と、静的で定着した形をもつ国家の性格は、すべての平衡現象に見られるように、それをつくりだし支えている原動力を内にはらんでいる。

要するに、このような性格のために、基礎のかたまった国家は、それを建設するために戦い、努力を払ったそれ以前の運動の結果である、ということをわれわれは忘れがちである。建設された国家のまえには建設中の国家があったのであり、後者は運動の原理に従って動く。

以上のことから私がいいたいのは、国家とは、贈物として人間に与えられた社会の形式ではなく、骨折ってつくっていかなければならないものだということである。それは、遊動的採集民とか、種族とか、そのほか、人間の努力をともなわずに自然がつくりあげた血縁関係に基づく社会とは違う。それとは逆に、国家は、人間が、血のつながりによって決定される自然社会から逃れることに憧《あこが》れるときにはじまる。血の代わりに、ほかの自然原理をなんでもいいからとりあげてみよう。たとえば言語である。本来、国家はいくつもの血といくつもの言語の混合されたものである。それは、あらゆる自然社会を越えたものである。それは混血的であり、多言語的である。

このように、都市はいろいろな民族の結合によって生まれる。動物学的な多様性の上に、法的な抽象的な一様性がつくられる。[4]もちろん、法的な統一を切望することが国家の創造的運動をうながすものでないことはわかりきっている。（国家をつくろうとする）衝動は、どんな法よりも実質的であり、また、ちっぽけな血縁社会に可能な事業よりも大きな、生の事業を目標としている。すべての国家の草創期には、いつも、偉大な事業家がじっさいに現われるか、あるいは、その存在が推測されるのである。

国家の誕生の直前に見られる歴史的状態を観察すれば、いつも次のような図式を見いだすだろう。いくつかの小さな集団があって、その社会構造は、それぞれの集団が自分の内部だけに志向して生きるようにつくられているということである。この一つ一つの集団の社会形態は、内的な共生関係のためにのみ役だつ。このことは、過去においては、集団がたがいに隔離しており、それぞれ独立に独力で生きていたのであって、隣接する集団との接触は例外的な出来事であった、ということを示している。

しかし、この本当の隔離に続いて、外部との共生関係、とくに経済的な面における事実上の共同関係が起こった。各集団の成員は、もはやその集団だけに依存して生活するのではなく、その生の一部は、物的、知的な取引関係にある他の集団の成員たちと結びつけられる。そこで、内的、外的、二つの共生関係のあいだに不均衡が現われる。確立された社会形態——法、《習慣》、宗教——は、内的関係を促進する反面、それよりももっと広く新しい外的関係にとっては障害となる。

この状況のなかでは、国家原理は、内的共生関係の社会形態を廃絶しようとし、新しい外的共生関係に適した社会形態をこれに代置しようとする運動となる。このことを、現在のヨーロッパにあてはめてみれば、この抽象的な表現に形と色をもたせることができるであろう。

国家というものは、もし、いくつかの民族の心が共生関係の形態における伝統的構造を捨てることができなければ、また、さらに、いままでに存在したことのない新しい構造を想像できなければ、創造することはできない。だからそれは、本当の創造である。国家は、絶対的に想像力による産物として生まれる。想像力は、人類が自分を解放する力である。一民族の国家を形成する力は、想像力を発揮しうる度合に比例する。そこで、あらゆる国々は、国家としての進化の限界をもっており、この限界は、まさに、自然によって、それぞれの国の想像力に課せられたものである。

ギリシア人とローマ人は、分散した農民社会よりすぐれた都市を想像する能力はもっていたが、都市をめぐる壁のなかにとどまった。ギリシア・ローマ人の知性をもっと広くしようとして、かれらを都市から解放しようと努めた人もあったが、それはむなしい努力であった。ローマ人の想像力の限界は、カエサルの暗殺を手がけたブルトゥスによって代表される――カエサルこそ、古代でもっとも想像力の豊かな男だったのである。

われわれ今日のヨーロッパ人は、ぜひともこの歴史を思いだす必要がある。というのは、われわれの歴史も同じ段階に達してきたからである。

〔1〕『観察者』第六巻のなかの「ローマの死について」Sobre la muerte de Roma, 1927 参照。

〔2〕このことが、物理学的・生物学的理性を《自然的理性》とするのであり、これによって、それは《歴史的理性》よりも理性的でないことを証明している。というのは、この書物でそうしているように、事物を流し目で見るのでなく、奥底まで調べてみると、歴史的理性は、いかなる事実をも絶対的と認めることを拒否する。この理性にとっては、推論するということは、すべての事実をその根源にさかのぼって発見し、流動化させることにある。拙著『体系としての歴史』〔第二版〕Historia como sistema 参照。

〔3〕次のような対立する二つの力が合して、カタルーニャ（スペイン東部の地中海沿岸地方）でどのように作用しているのかを明らかにするのは興味深いことだろう。その力とは、ヨーロッパ的な国家主義と、古い地中海的人間の傾向が残っているバルセロナの都市主義とである。レバンテ人（東部スペイン人）はこの半島に住む太古人 *Homo antiquis* の残党である、と私はまえに述べたことがある。

〔4〕法的等質性ではあるが、かならずしも中央集権主義を意味しない。

（1）*forum.* 古代ヨーロッパの都市の中央広場で、市場として、また裁判、政治などの集会の場所として用いられた。

（2）*agora.* ギリシア語で「市場の広場」「集会場」を意味する。

（3）*synoikismos.*

（4）*ayuntamiento.*「市役所」「市会」の意味だが、語源的には、「一つに集めること」の意。

（5）レプブリカは古代ローマの、ポリテイアは古代ギリシアの都市国家。

（6）*estado.* 英語の *state.*「状態」の意味もある。

Ⅶ

明晰《めいせき》と呼ぶにふさわしい、すぐれた頭脳の持ち主は、古代世界全体で、おそらくふたりしかいなかった。テミストクレスとカエサルであり、ふたりとも政治家である。一般に政治家は、著名な人も含めて、まさに愚かなゆえに政治家になる〔1〕のだから、このことは驚くべきである。

もちろん、ギリシアとローマには、多くの事柄について明晰な思想をもっていた人々――哲学者、数学者、博物学者――もあった。しかし、かれらの明晰さは科学的な次元の明晰さであり、いいかえれば、抽象的な事柄での明晰さである。科学の対象とするすべての事物はどれも抽象的であり、抽象的なものはつねに明快である。だから、科学の明晰さは、それをつくる人の頭脳のなかよりも、かれらが語る事物のなかにある。

具体的な生の現実は、つねにただ一つであり、それは本質的に混乱し、こみいっている。このなかで正確に自分の行くべき方向を見さだめる人、生の状態すべてが表わす混沌のなかに各瞬間の隠れた特徴を見ぬく人、要約すれば、生のなかで道を見うしなわない人が、真に頭脳明晰なのである。

諸君のまわりにいる人々を見れば、いかに人々が自分の生のなかで道に迷っているかがわかる。かれらは、じっさいにわが身になにが起こっているのかを少しも考えてみずに、幸福な、あるいは不幸な運命のなかを、夢遊病者のようにうごめいている。かれらが自分自身や周囲の事柄について断定的な言い方でしゃべるのを耳にすると、かれらがすべてのことに思想をもっていることを示しているように見えるだろう。

しかし、その思想なるものをちょっと分析してみれば、一見かれらが言及しているように見える現実を、その思想がてんで反映していないことがわかるし、もっと深く分析してみれば、そのような現実に自分の思想を適応させようとは考えてもいないことを見いだすであろう。まったく逆なのである。かれらは、現実を、自分自身の生を自分の目で見ないですむように、それらの思想を使っているのである。なぜならば生は、もともと、人が迷いこむ混沌であるからだ。

人はそのことに気づいているが、この恐るべき現実に顔をつきあわせるのが恐ろしいので、なにもかもが明瞭である思想という幻想の幔幕《まんまく》で現実を隠そうとするのである。自分の《思想》が真実でないことはべつに気にもしないで、ちょうど自分の生から身を守る塹壕《ざんごう》として、またちょうど現実を追いはらう案山子《かかし》として、その思想を使うのである。

頭脳明晰な人間とは、幻覚的な《思想》から自由となり、生を直視し、生に含まれるものはすべて疑問視されることを理解し、自分が迷っていると自覚している人である。これは——つまり、生きるとは自分が迷っていると自覚することは——純然たる真理であるから、この真理を受けいれる人は、すでに自分自身とめぐりあい、本当の姿を発見しはじめ、すでに大地に足をつけているのだ。おぼれる者と同じように、本能的に、つかむものをさがしもとめるだろう。

問題は自分を救うことだから、かれらは、あの悲劇的な、断固とした、絶対的に真剣なまなざしをもち、そのまなざしによって、生の混沌を秩序だてるだろう。これだけが真の思想であり、つまりおぼれる者のもつ思想である。それ以外は修辞であり、ポーズであり、自己欺瞞である。自分が迷っているのだと本当に自覚しない人は、否応《いやおう》なく自己を見うしなうのである。すなわち、けっして、自分とめぐりあうこともなく、本物の真実と出くわすこともないのである。

これは、あらゆる面でたしかである。それ自体、生からの逃避である科学についてもあてはまる〔大部分の科学者は、自分の生とまともにぶつかるのがこわくて、科学に専念してきたのである。かれらは明晰な頭脳ではない。だから、周知のように、具体的な状況にたいして愚かなのである」。われわれの科学的な思想は、ある問題について迷っていると自覚し、その疑わしい性格を十分に見とどけ、既成の考え方、処方箋《せん》、標語やことばに頼ることはできないと了解するその度合に応じて、価値があるのである。新しい科学的真理を発見する者は、かつて学んだほとんどすべてのものをまず抹殺しなければならない。そして、無数の常識を殺戮《さつりく》した血まみれの手でまさぐりつつ、その新しい真理に到達するのである。

政治は、人間が欲すると否とにかかわらず突然に置かれた唯一の状況からなるのであるから、科学よりもはるかに現実的である。だから、政治は、だれが明晰な頭をもち、だれが凡庸な頭をもっているかを、よりたやすく区別することができるテーマである。

カエサルは、恐るべき混沌の瞬間において、いわば人類の経験した最大の混沌の時点において、実質的な現実の姿をとらえる才能をもつ人として、われわれの知っている最高の人間である。また、運命はかれのりっぱさをきわだたせることを好んだかのように、かれのかたわらに驚くべき知能を置いた。それはキケロであり、事物を混沌とさせるのに一生を捧げた人である。

当時、ローマの政治組織はあまりに幸運だったために、骨組みがゆるんでしまっていた。イタリア、スペイン、小アフリカ、古典的なヘレニズムのオリエントの支配者であるティベル川の都は、瓦解《がかい》する寸前の状態だった。その政治機構の実体は市会であり、あたかも木の精が、守護者として割りあてられた木から離れれば消滅してしまうのと同じように、政治機構は都市と不可分であった。

民主主義は、その形式や発達程度とは無関係に、一つのとるにたりない技術的細目にその健全さを左右される。その細目とは、選挙の手続きである。それ以外のことは二次的である。もし選挙制度が適切で、現実に合致していれば、なにもかもうまくいく。もしそうでなければ、ほかのことが理想的に運んでも、なにもかもだめになる。紀元前一世紀のはじめには、ローマは全能で富裕で、向かうところ敵がなかった。しかるに、ばかげた選挙制度を守ることに汲々《きゅうきゅう》としていたから、破滅寸前であった。

選挙制度は、それが欺瞞であるときには、ばかげたものとなる。当時は、都市で投票を行なうことになっていた。だから、原野に住む市民は投票に行けなかった。しかも、ローマの全世界に分かれて暮らしている者には、もっと可能性が少なかった。本当の選挙は不可能だったので、それをでっちあげなければならなかった。候補者たちは棍棒《こんぼう》をもった暴力団——軍隊の古強者《ふるつわもの》や、闘技場の闘技者たち——を組織したが、その役目は投票箱をこわすことであった。

本当の一般投票に支えられなければ、民主主義は宙に浮いたものになる。宙に浮くものはことばである。《共和国は、ことばでしかなかった》。これは、カエサルの表現である。司法官は、だれひとりとして権威をもっていなかった。左派と右派の将軍たち——マリウスとスラが空疎な執政官の職におさまって、いばってみたが、それはなんにもならなかった。

カエサルは、自分の政治を解説することはなく、ただ政治を行なうことを楽しんだ。その政治はカエサルその人であって、カエサルの帝王学の範典はのちに現われるのである。そのため、その政治を理解するためには、その行動を調べ、それに名前をつけるよりほかにしようがない。かれの政治を理解する（これを理解する）秘訣《ひけつ》は、彼の主要な功績であるガリア征服にある。征服に乗りだすためには、既存の権力にたいして反逆を宣しなければならなかった。それはなぜか。

この権力を構成するのは、共和主義者、すなわち保守主義者であり、都市国家の信者たちであった。かれらの政治は、二箇条に要約することができる。第一に、ローマの社会生活の混乱は、それが過度に拡張したことに由来する。都市はあんなにおおぜいの国民を支配することはできない。すべての新規の征服は、共和国殺しの大罪である。第二に、諸制度の瓦解を防ぐためには、第一人者（プリンス）を必要とする。

《プリンス》ということばがわれわれにとってもっている意味は、ローマ人の考えていた意味とほとんど逆である。ローマでは、まさに、すべての市民と変わらないひとりの市民であるが、共和国の諸制度の機能を調整するために最高の権限を与えられた者、と解した。キケロは『共和国について』のなかで、サルスティウスはカエサルへの覚書のなかで、かれが市民の第一人者、公的問題の指導者、調停者となることを願ったが、これは当時のすべての著述家の考え方を要約したものであった。

　カエサルの解決策は、保守主義者の解決策とは全然逆である。それまでのローマの征服の結果を正すためには、ローマの背負った激しい運命を徹底的に受けいれ、征服を続行する以外手のないことを彼は理解した。なかでも、新しい民族を、つまり、近い将来に、老廃したオリエントの国々よりも危険になる（西方の）民族を征服することが急務であった。カエサルは、西方の野蛮民族を徹底的にローマ化する必要を説くことになる。

　ギリシア・ローマ人は、時間を意識すること、自己の生を時間のなかに延長されたものと見ることができなかった、といわれる〔シュペングラー〕。現在の瞬間に生きていたというのである。私は、この診断はまちがっているのではないか、少なくとも二つのことを混同しているのではないかと思う。ギリシア・ローマ人は、将来にたいして驚くほど盲目である。色盲の者には赤色が見えないように、未来が見えないのである。

　しかし、その代わり、過去に根を下ろして生きる。なにかをしようというとき、闘牛士ラガルティホ[1]が牛に止《とど》めをさすまえにするように、一歩後退する。過去のなかに現状のモデルをさがし、そうして知識を得ると、過去のモデルというすばらしい潜水服に身をかため、姿を変えて、現在のなかにもぐるのである。だから、かれらの生き方は、ある意味で、再生することである。これは懐古的であり、古代人はほとんどつねに懐古的だったのである。

しかし、このことは、時間にたいする無感覚とは違う。ただ不完全な時間感覚、未来に向かってはばたく翼が発育不全で、過去の翼が肥大症であることを意味するにすぎない。ヨーロッパ人は、むかしから未来を重く見、未来こそ実質的な時間の次元であり、時間というものは《そのまえに》でなく《そのあと》によってはじまるのだと感じてきた。だから、ギリシア、ローマの生がわれわれには無時間的に見えるのも当然である。

現在のすべてを過去の範例のピンセットでつまみあげようという偏執狂的性格は、古代人から現代の文献学者に伝えられた。文献学者もまた未来にたいして盲目である。この連中もあともどりをして、すべての現状にたいする前例をさがし、それを、牧歌的な美しいことばを使って、《泉》（資料）と呼ぶ。

私がこういうのも、すでに、古代のカエサルの伝記作家も、この偉大な人物を理解しようとせず、かれがアレクサンドロス大王をまねようとしていたと考えているからである。かれらは次のような方程式を用いざるをえないのである。もしアレクサンドロスがミルティアデスの（マラトンの戦いでの）勝利の月桂冠《げっけいかん》を思って眠ることができなかったのならば、カエサルもアレクサンドロスの勝利によって必然的に不眠に悩まなければならなかったのである。こうして話は続いていく。つねに一歩後退であり、今年の足は去年の足跡の上を歩かせられる。現代の文献学者は、古典的伝記作家と同じことをしているわけだ。

カエサルがアレクサンドロスのしたとおりのことをしたがったと信ずるのは――ほとんどすべての歴史家がそう信じてきたわけだが――、かれを理解するのをまったく断念することに等しい。カエサルは、アレクサンドロスとだいたい逆である。世界国家という理念だけが、両者の類似した点である。しかし、この理念はアレクサンドロスのものではなく、ペルシアから来たのであろう。アレクサンドロスに刺激されたのなら、カエサルは東方へと、栄光ある過去へと向かったであろう。かれの西方への執着は、マケドニアの王に対立しようという意志をよく表わしている。しかも、カエサルの意図したものは、ただの世界国家ではない。かれの意図はもっと深いところにあった。かれの欲したのは、ローマ帝国が、ローマによってではなく、周辺によって、地方によって生きることであった。これによって、ローマは都市国家を完全に超越したものになる。多種多様な諸民族が協力し、すべての民族が連帯感を自覚する国家を考えたのである。

それは、支配する中央と服従する周辺からなるのではなく、各要素が、国家の受動的であり、また能動的な主体であるような、巨大な社会的組織体である。近代国家はこのようなものであって、未来を予見するカエサルの天才がいかに時代にさきがけているかを示す、驚くべき例である。

しかし、そのような国家をつくるには、ローマの枠を越えた反貴族的な権力を必要とした。それは、共和国の寡頭政治の上にはるかに高くそびえ、同類者のなかの第一人者(2)にすぎないプリンスを越えたものでなければならなかった。世界的民主主義を執行し代表するそのような権力は、ローマの外にその本拠をもつ君主国家だけに可能であった。

共和国、君主国家！　この二つのことばは歴史のなかで、たえず、本来の意味を変えてきた。だから、これらのことばが各時期にじっさいに意味するものをたしかめるように、こまかく分析しなければならない。

カエサルの信頼する人々、もっとも直接的な道具となった人は、ローマ市の古風な名士ではなくて、新しい人間であり、地方人であり、活力のある有能な人間たちであった。かれの真の宰相は、カディス出身の商人コルネリウス・バルブスであり、つまり、大西洋人であり、《植民地人》であった。

しかし、この新国家はあまりに時代にさきがけていた。頭のめぐりが遅いラティウム(3)の人間は、それほどの大転換についていくことができなかった。触知できる実体である都市のイメージにまたげられて、ローマ人は社会的組織体のこの新しい組織を《見る》ことができなかった。一つの都市に住んでいない人々が、どうして一つの国家を形成することができようか。とらえどころのない、神秘的なあの統一とは、いったいどんな統一なのだろうか。

もう一度、繰り返そう。われわれが国家と呼ぶ現実は、血縁関係で結びつけられた人間たちの自発的な共生関係ではない。もともと離れて暮らしている集団が共同して生活することを強制されるときに、国家がはじまる。この強制は、むきだしの暴力ではなく、分散したいくつもの集団に提示された、推進的な計画、共通の課題を前提としている。なによりもまえに、国家は、一つの行為の計画であり、協同作業のプログラムである。それは、いっしょになにかをするようにと人々に呼びかける。国家は、血縁関係でも、言語的統一体でも、地域的統一体でも、居住地の隣接関係でもない。それは物質的、惰性的な、与えられた、限定されたものとはまったく違う。それは、純粋な運動――なにかを、みんなでいっしょにやろうという意志――であり、そのおかげで、国家という観念は、なんらの物的な条件で制約されないのである。[2]

サーベドラ・ファハルド[4]の有名な政治的標章はきわめて痛烈である。一本の矢、その下に、《上昇か、それとも下降か》と書かれている。これが国家である。国家は一つの事物ではなく、運動である。国家は、あらゆる瞬間にどこかから来てどこかへ行くものである。あらゆる運動と同じく、国家は起点と目標をもっている。

真の国家といえる国家の生を、ある時点で切ってみると、血、言語、《自然の境界》というような物的な属性の上に築かれているように見える一つの共同生活をする統一体が現われるだろう。静的に解釈すれば、これが国家だ、ということになる。

しかし、すぐにわれわれは、この人間の集団は共同でなにかをしていることに気づく。他の民族を征服したり、植民地を築いたり、他の国家と同盟したり、いいかえれば、統一体の物的な原理と見えたものを超越しようと、つねに努力しているのである。これが目標であり、真の国家なのであって、それが統一されているのは、まさに国家がその時点におけるいっさいの統一を超越しようとするためである。国家を越えたものへのこの衝動が止まると、国家は自動的に倒れてしまい、物的に——人種と言語と自然の境界によって——基礎づけられていたかに見えた既存の統一は、なんの役にもたたない。国は分解し、分散し、原子化するのである。

国家のなかにあるこの原理の二重性——既存の統一と、これからつくろうと計画しているもっと広大な統一——によってのみ、国民というものの本質を了解することができる。国民ということばが近代になって与えられている意味を与えるとした場合、国民とはなにかということがまだ解明されていないことを、われわれは知っている。都市国家は明瞭な概念であって、これを目ではっきりと見ることができた。しかし、ガリア人やゲルマン人に芽ばえた新しい型の社会的統一体、西欧の政治的な気運によって生まれた統一体は、ずっと漠然としてとらえどころのないものである。

今日の歴史家である文献学者はもともと懐古的であるが、かれらがこの驚くべき事実を見て感ずる当惑は、ちょうどカエサルやタキトゥスが、アルプスの向こうまで、ライン川の向こうまで、はてはスペインにまで及ぶ初期の国家のことを、ローマ語でいおうとしたときの当惑と同様である。キビタス（都市）、ゲンス（氏族）、ナチオ[5]（種族集団）などと呼んでみるが、そのどれもうまく表わしていないことに気づいている。[3] 都市ではないという簡単な理由によって、それはキビタスではない。[4]このことばの意味を拡大して、限定された地域をほのめかそうとしてもうまくいかない。この新しい民族はいとも容易に居住地を変えるし、すくなくとも、現在の居住地を拡大したり縮小したりする。それはゲンスとナチオというような、種族的な単位ではない。

どんなに遠くさかのぼっても、新しい国家は、由来を異にする独立の血縁集団から形成されていることが明らかである。つまり、それは相異なる血の結びつきでできたものである。血縁的共同体でもなく、ある地域に帰属するものでもなく、こんなふうなものとはまるで違うものなら、それでは、国民とはいったいなんであろうか。

いつもそうだが、この場合にも、事実をありのままに受けとることによって、理解の鍵《かぎ》を握ることができる。フランス、スペイン、ドイツのような《近代国家》のどれでもよい、その進化をざっと眺めるとき、まず目につくのはなにか。答えは簡単である。ある時代に国民性の原理であるように見えたものが、のちの時代には否定されることである。

まずはじめに、国民は部族のようなもので、そばにある部族はまだその国民ではない。その次には、国はそれら二つの部族からなり、そのあとで一つの地区となり、やがて伯爵領あるいは公爵領あるいは《王国》となる。まずレオンは国であるが、カスティーリャはこれにはいらない。次にレオン・イ・カスティーリャが国をつくるが、アラゴンははいらない。

ここで二つの原理が存在していることが明らかである。一つは、変化しやすくしだいに克服されるもの――それぞれの言語ないし方言をもった部族、地域、公爵領、《王国》――である。もう一つは、恒久的な原理であり、あらゆる境界を自由に跳びこえ、はじめの原理ではまさに根本的な対立物とみなされるものを、統一体として考える。

文献学者たち――今日《歴史家》と自称する人たちを、私はこう呼ぶ――が、いま、このつかのまの時代に、つまり二、三世紀のあいだにできあがった西欧諸国を根拠として、ヴェルキンゲトリクスやエル・シド・カンペアドール[6]が、それぞれ、サン・マロからストラスブールまで達する――まさにそのとおり――フランス、フィニステレ岬からジブラルタルまで達するスパニアを築こうとしたと想像するのは、まさに滑稽《こっけい》きわまる茶番劇である。

これらの文献学者は――無邪気な劇作家のように――ほとんどつねに、かれらの扱っている英雄がまるで三十年戦争のために出陣する、というようなぐあいに筋書きを書くのである。かれらは、フランスやスペインがどうして形成されたかをわれわれに説明するために、フランスやスペインは、フランス人やスペイン人の魂のなかに、一つの統一体としてまえもって存在していたことを前提するのである。まるで、フランスやスペインよりまえに、フランス人やスペイン人が存在していたかのようだ。まるでフランス人とスペイン人とは、二千年の共通の労苦のなかで鍛えられて、はじめてできあがったものではないような言い方だ！

当然のことであるが、現在の国々は、永遠におのれを克服する運命を担った可変的な原理の現時点における現われにすぎない。その原理とは、ここでは、血でも言語でもない。たとえば、フランスあるいはスペインにおいて、血と言語が共通なのは国家統一の結果であって、原因ではないのである。その原理は、現在では、《自然の境界》である。

外交官が抜け目のないやりとりのなかで、自然の境界という概念を、かれの議論の最後の拠《よ》り所として使うのは結構である。しかし歴史家は、その概念が最後の砦《とりで》であるかのように、そのうしろにたてこもることはできない。その概念は、決定的でもなければ、なにも特別製ではない。

われわれが厳密な意味で提起している問題はなんであるかを忘れないでいただきたい。われわれが問題にしているのは、都市国家とか、逆の意味で極端な、アウグストゥスの建設した帝国⑤のような、他の型の国家とは区別される国民国家——今日、これを国と呼ぶのが普通になっている——とはなにか、ということである。

右の設問をもっと明瞭、正確に表現したければ、次のようにいったらよい。フランス、イギリス、スペイン、イタリア、ドイツというように呼んでいる公的権力の主権のもとに何百万という人間が共同生活をしているが、現実のいかなる力がこのような結果をもたらしたのだろうか。

それは、以前にあった血縁共同体とは違うものである。なぜならば、これらの集団のどれにも、非常に異質な血が流れているからだ。それは言語的な統一でもなかった。なぜならば、今日、一つの国家に統一されている諸民族は、かつて別々のことばを話していたし、今日でもそうだからである。現在かれらが享受している人種あるいは言語の相対的な一様性は――もっともそれが享受といえるとしての話だが――、それ以前の政治的統一の結果である。

　したがって、血や言語が国民国家をつくるのではなく、むしろ、国民国家が赤血球や有節音の本来の差異をなくすのである。いつもそうであった。国家が以前からあった血と言語の統一体と一致している例は、皆無とはいわないが、少ししかない。スペインが今日、国民国家であるのは、その全域でスペイン語を話すからではないし[6]、アラゴンとカタルーニャが国民国家であったのも、ある時期に、それぞれの主権のおおう地域が、アラゴン語とカタルーニャ語の分布地域と一致していたからではないのである。すべての現実にまつわる特殊な例外を念頭に置いたうえで、次のように推測するほうが、真実に近いであろう。ある程度の広さの地域に言語的統一が見られれば、それはすべて、ほとんど確実に、過去の政治的統一の結果である[7]。国家はつねに偉大なる通訳であった。

　このことは、ずっとまえからわかっていた。だから、血と言語とを国家の根底と見ることに人々が固執するのは解しがたいのである。それは不適切でもあり忘恩でもあると思う。なぜなら、フランス人は今日のフランスを、スペイン人は今日のスペインを、あるXという原理に負っているのであり、その原理を動かす力は、まさに血と言語の狭い共同体を越えようとする方向に向かっているからである。だから（かれら流に考えれば）、今日のフランスとスペインは、この国々を可能にした原理とは逆の原理の上になりたっている、ということになるだろう。

血と言語では得られなかった統一の原理を《自然の境界》という地理的な神秘のなかに求め、国家の概念を地域という一般受けする概念に立って設定しようとする場合にも、同じような歪曲《わいきょく》を行なうことになるのである。ここにも視覚上の過ちがある。広い大陸の土地と近隣の島からなる、いわゆる国というものが存在するのは、現在の時点における偶然である。これらの現在の境界を、なにか決定的な精神的なものと考えようというのである。そして、この境界を《自然の境界》と名づけている。さらに、《自然》ということばに、歴史がまるで魔法のように地形によって決定されるという意味をつける。

しかし、この神話も、血と言語の共同体を国家の起源と見る考え方を打破した前述の論法で検討してみれば、たちまちに雲散霧消してしまう。ここでもまた、幾世紀かさかのぼれば、フランスやスペインが小国に分かれており、それぞれ必然的な《自然の境界》をもっている姿に出くわすのである。国境をつくる山脈は、ピレネーやアルプスほど高くないし、水の障害も、ライン川やドーヴァー海峡やジブラルタル海峡ほど広くないであろう。しかしこのことは、国境の《自然性》というのはたんに相対的なものだ、ということを明らかにするだけである。国境は、経済的、軍事的な諸手段に左右されるのである。

一般に受けのよい《自然の境界》も、その歴史的実態は、A民族がB民族のほうに発展するうえでの障害になるというだけのことだ。それはAにとっては障害——共生関係あるいは戦争にたいする障害——であるから、Bにとっては防御の役にたつ。だから、《自然の境界》という概念は、国境よりむしろもっと自然なものであり、諸民族のあいだの際限ない膨脹と統合の可能性を率直に示しているのである。物質的障害だけが諸民族の膨脹と統合にブレーキをかけるように見える。

フランス国あるいはスペイン国の昨日の、一昨日の国境は、今日のわれわれには、両国の基盤であるようには見えない。それとは逆であって、それらの国境は、国という概念が統一の過程で出くわした障害に見える。それにもかかわらず、また、交通と戦争の新しい手段が障害としての国境の有効性を失わせたとはいえ、われわれは今日の国境にたいして、決定的な根本的な性格を認めたいのである。

国境が国民性を形成するための積極的な基盤でなかったとすれば、それは国民性を形成するうえでどんな役割を果たしたのだろうか。問題は明瞭であるし、また、都市国家にたいして国民国家を本当に動かしたものはなにかを理解するうえに、きわめて重要である。国境は、すでに達成されている政治的統一を、たえず強固にするために役だってきたのである。だから、国境は国家のはじまり（原理）ではなく、逆に、はじめはそのための障害であり、のちになって、国境が確定してからは、統一を保証するための重要な手段となったのである。

また、人種や言語の果たした役割もこれと同様である。国を構成したのは、もとから存在した人種や言語の共同体ではなく、まさに反対である。国民国家が統一のための努力の途上で遭遇した多くの障害のなかに、人種や言語の障害があったのである。これらの障害を強力に制圧することによって、血と言語がかなり等質化され、これが統一を強化するのに役だったのである。

だから、伝統的に国民国家という概念がこうむってきた歪曲を正して、国民性を構成すると信じられていた前述の三つの要素が、じつは国の建設にたいして第一義的な障害となったのだ、という考え方に慣れるよりしかたがない。一つの歪曲を正すことによって、今度は私が別の歪曲をしているように思われるであろうが、それもしかたのないことだ。

国民国家の秘密を、国家になろうとする独自の動きのなかに、つまり政治自体のなかに求めるべきであって、生物学的、または地理学的な特徴のような無縁の原理のなかに求めるべきでないという決意をかためる必要がある。

近代国家という驚くべき事実を理解するために、人種、言語、領域などの自然的要因を考慮しなければならない、と人々が信じこんできたのはなぜだろうか。理由はいたって簡単で、これらの要素のなかに、古代国家には見られなかった個人と社会的力との根本的な親密性、連帯性が見いだされるからである。アテナイやローマでは、ほんの一握りの人間が国家であって、その他の者——奴隷、同盟者、地方人、植民地人——は臣下にすぎなかった。ところが、イギリスでも、フランス、スペインでも、だれひとりとしてたんなる国家の臣民だった者はなく、だれもがつねに国家への参加者であり、国家とともにあった。

国家のなかにあって国家と一体となる形式、とくに法的形式は、時代によってずいぶん違っていた。身分とか個人的な地位にも差があるし、比較的大きな特権をもった階級と特権の少ない階級にも大きな差異があった。しかし、もしも、各時代の政治情勢の実情がわかり、その時代の精神を生きかえらせてみれば、あらゆる個人が国家の能動的主体であり、参加者であり、協力者であると感じていたことは明らかになる。国とは——一世紀以上もまえから、西欧でこのことばが担ってきた意味で——、社会的力と、これによって支配される集団とのあいだの《原質的一致》を意味する。

国家はその形態がなんであれ——原始的、古代的、中世的、近代的のどれでも——、つねに一つの事業を共同して実施するために、ある人間集団がほかの人間集団にたいして行なう招待である。この事業は、中間的手続きがどうであろうと、結局、一定の型の共通の生を組織することにある。国家、人々の生の計画、事業の企画、行動などのことばは、不可分の関係にある。

国家にいろいろな種類があるのは、国家を経営する集団がその他の集団との協力関係を確立する仕方に違いがあるからである。たとえば、古代国家は、他の集団と融合することがけっしてできなかった。ローマは、イタリア人や地方人を支配し教育したが、かれらが自分と結合するまで高めることはしなかった。ローマ市のなかですら、市民たちを政治的に融合することができなかった。共和国時代を通じてローマは、厳密にいえば、二つのローマ、つまり元老院と平民からなっていたことを忘れてはならない。

国家的統一はあっても、それはたがいに離れ、無縁であるいくつかの集団をたんに連結した段階を越えなかった。だからこそ、国家が脅威にさらされたとき、その他の集団の愛国心を頼りにすることができず、もっぱら統治と戦争のための官僚主義的手段によって自己を防衛しなければならなかった。

ギリシアやローマの集団がいずれも他の集団と融合できなかったというこの事実は、いろいろと深い理由から来ているのである。それらをここでいろいろ調べることは適当でないが、ともかくそれを一つの理由に要約できるだろう。つまり、古代人は、国家をつくりあげる協力関係を、単純で初歩的で粗雑な方法で解釈した。すなわち、支配者と被支配者という二元性からなるという意味に解したのであった。[8]

ローマの役割は支配することであり、服従することではない。その他のものの役割は服従することであり、支配することではない。このように、国家はポモエリウム[7]、つまり、いくつかの壁によって物理的に仕切られた人間の集団となったのである。

しかしながら、のちの新しい民族は、国家について非物質的な解釈をもたらした。もし国家が共通の事業計画であるとすれば、国家の実体は純粋に動的である。すなわち、国家とは一つの行為であり、行動する共同体である。この考え方からすれば、事業に参加するすべてのものが、国家の能動的部分を形づくり、政治的な主体となる——そして、人種、血、地理的帰属関係、社会階級は二義的な位置にとどまるのである。

政治的な共生関係を可能にするのは、けっして以前の、過去の、伝統的な、はるかむかしの共同体——要約すれば、宿命的な、あるいは改革不能な共同体——ではなくて、じっさいに行動する未来の共同体である。われわれの昨日の状態でなく、まさにわれわれが明日いっしょにしようとする行為が、国家のなかにわれわれを糾合するのである。だからこそ、西欧では古い国家を閉じこめているいっさいの境界を、政治的統一体が跳びこえる自由奔放さが生まれるのである。というのは、ヨーロッパ人は、古代人と比較すると、未来に向かって開かれている人間として行動し、未来のなかに意識的に身を置いて生き、未来から現代の行為を決定する人間として生きるからである。

このような政治的傾向は、たえず広がっていく広範な統一の方向に不可避的に進むであろうし、この傾向を押しとどめるものは原則としてなにもないであろう。その融合の能力は無限である。たんに民族と民族との融合があるだけでなく、もっと特徴のあるのは、国民国家に見られる融合、すなわち、各政治体の内部での社会階級の融合である。国が地域的、民族的に大きくなるにつれて、内部的な協力はますます一元的になっていく。国民国家は、その根源からして民主的であり、政府の形態に見られる相互の差よりも、民主的であることが決定的な意味をもっている。

過去の共同体に基礎を置いて国を定義するとき、結局、（次節最初に掲げる）ルナンの方式を最良のものとして採用することになるのは興味深い。最良であると考えるのは、共通の血、言語、伝統に、《日常的人民投票》という新しい属性が加えられているからである。しかし、この表現がなにを意味しているか、よくおわかりだろうか。いまここで、その表現にルナンが含ませた内容とは符号が逆であるが、それよりもずっと真実に近い内容をもたせることはできないだろうか。

〔1〕いきなりこのように断言したが、それは《よい》政治から悪い政治まで、政治とはなにかについて、すべてにわたって明瞭な概念をもつことを前提としている。これについては、拙著『個人と社会』**El Hombre y la Gente** と題する社会学の論文で述べた。

〔2〕『観察者』第七巻〔一九三〇〕のなかの「国家のスポーツ的起源」参照。

〔3〕ドプシュ『ヨーロッパ文明の経済・社会的基礎』〔第二版、一九二四年、第二巻〕参照。

〔4〕野蛮人の集落がいかに稠密《ちゅうみつ》であっても、ローマ人はそれを「都市」と呼ぶ決心がつかなかった。結局やむをえずそれを、「農民の村落」*sedes aratorum* と呼んだのである。

〔5〕アウグストゥスの帝国は、かれの養父カエサルの建設しようとしたものとは反対のものであることが知られている。アウグストゥスは、カエサルの敵であったポンペイウスの様式で行動する。この問題に関する現在までの最良の書物は、エドワルド・マイヤー『カエサルの君主制とポンペイウスの元

首政治』La Monarquía de César y el Principado de Pompeyo, 1918 である。

〔6〕スペイン人全部がスペイン語を話すとか、全イギリス人が英語を、全ドイツ人が高地ドイツ語を話すということさえも、実際問題として、真実ではない。

〔7〕コイノン *koinón*（一、二世紀に用いられた共通語としてのギリシア語）、リングワ・フランカ *lingua franca*（共通語）の場合は別である。これは国語ではなくて、国際語というべきである。

〔8〕帝国の全住民にたいして市民権を与えたというのは、ちょっと考えると矛盾するように見えるが、それはこの事実を裏書きしている。というのは、市民権が、国家にとってのたんなる負担あるいは奉仕、ないしはたんなる市民の権利の免許証に変わって政治的性格を失っていくに従って、この許可が行なわれるようになったからである。奴隷が原理として受けいれられている文明から、それ以上のことを期待することはできなかった。それにたいし、われわれの《国》にとっては、奴隷制は残存現象にすぎなくなった。

（1）当時の有名な闘牛士の仇名《あだな》。意味は「小さなとかげ」。

（2）*primus inter pares.*

（3）現在のローマの南東にあった古代の国。紀元前五世紀ごろからローマ化されていた。

（4）Saavedra Fajardo. 一五八四〜一六四八。スペインの政治家、外交官、思想家。『政治的事業』などの著書がある。

（5）ゲンスは、ラテン語の「氏族」で、スペイン語の「人々」（ヘンテ）はこれに由来する。また、ナチオは、ラテン語の「国」「国民」で、スペイン語のナシオンはこれに由来する。

（6）Vercingetorix. 前四六年没。ガリアの族長。かれのカエサルへの反抗がガリア戦役の端緒となった。

（7） *pomoerium.*

Ⅷ

《過去に共通の栄光を、現在に共通の意志をもち、偉大な事業をともになしとげ、さらにそれを推し進めようと欲する。ここにこそ、一民族であるための本質的な条件がある……。過去からは、栄光と悔恨の遺産を受け、未来には、同一の計画を実現する……。一国の存在は、日常的人民投票である(1)》

ルナンのきわめて著名な宣言は、このようなものである。これが異常な成功をおさめたのは、どう説明したものだろうか。いうまでもなく、最後の言い回しの巧妙なためである。国が日常的人民投票に基礎を置くというあの考えは、われわれの上に、まるで解放の宣言のように響く。共通の血、言語、過去は、静的、宿命的で、硬直した、活力のない原理である。それらは牢獄《ろうごく》である。

もし国を構成するものがこれらだけで、ほかになにもなければ、国とは、われわれの背後にあるものであって、そのことについてわれわれはどうしようもないことになる。もしそうなら、国とは、現在そうであるものであって、つくられるものではなくなるだろう。たとえ国が攻撃されるとしても、これを守る意味はまるでなくなってしまうだろう。

好むと否とにかかわらず、人間の生は、将来にたいするたえまない気遣いである。現在の瞬間に生きながらわれわれは、次に来る瞬間にたいして心労する。だから、生きるとはつねに、中止も休息もなく、行為することである。するということ、すなわち、すべての行為は一つの未来を実現することだということに、人々はなぜ注意しなかったのだろうか。われわれが思い出にふけるときでも同様である。

現在の瞬間に追憶することは、たとえそれが過去をふたたび生きる喜びだけだとしても、直後になにかを達成しようとすることである。この孤独なささやかな喜びは、一瞬まえには望ましい未来に見えたものであり、それゆえに、われわれは思いだすという行為をするのである。だから、未来と関係のないようなものは、人間にとってなんの意味もないのだということを、銘記してほしい[1]。

もしも国の基礎が過去と現在だけにあるとすれば、攻撃にたいして国を守ることに心をわずらわす人はだれもあるまい。それを否定する人は、偽善者か愚か者である。なるほど、国の過去が未来に向かって魅惑——真実の、あるいは、幻想的な魅惑——を投げかけるということはある。われわれの国が存在しつづける未来は、望ましいものに思われる。だからこそわれわれは、国の防衛にみずからを動員するのであって、なにも血のためでも、言語のためでも、共通の過去のためでもない。祖国を守ることによって、われわれの明日を守るのであって、われわれの昨日を守るのではない。

ルナンのことばのなかに高らかに謳《うた》われているのは、明日にたいするすぐれた計画としての国ということだ。人民投票が未来を決定する。この場合、未来が過去の連続であるとみなされているということは、問題をいささかも修正しない。ただそのことは、ルナンの定義もまた過去形であることを示しているだけだ。

だから、国民国家は、古代のポリスや、血によって限定されるアラブの《部族》よりも、国家についての純粋な観念に近い。じっさいには、国民国家の観念は、過去への、領土への、人種への帰属意識という重荷を少なからず保有している。しかし、それだからこそ、この観念のなかに、生を刺激する計画を中心として人間を統一するという純粋な原理が優位を占めているのは、ますます驚くべきことである。それだけではない。国家が過去の重荷をひきずっているとか、物質的な原理によってある程度制限されているという考えは、西欧の精神のなかに自然発生的に生まれたものではなく、国家観念にたいしてロマン主義者の与えた博学な解釈から由来したものである、と私はいいたい。

もし中世に国家に関するこんな十九世紀的な概念が存在していたら、イギリスもフランスもスペインもドイツも生まれなかったであろう。[2] なぜなら、ロマン主義的な解釈は、一国に息吹きを与えその基礎を築く原理と、たんにこれを堅固にし維持する原理とを混同しているからである。はっきりいってしまえば、国をつくったのは愛国心ではないのだ。愛国心が国をつくると信ずるのは、すでに指摘したようにまぬけな考えであるが、ルナンさえ、あの有名な定義のなかにその考えを導入している。

国が存在するためには、ある人間集団が共通の過去をもっていなければならないとしたら、今日から見れば過去であるものをかつて現在として生きていた人々の集団をなんと呼んだらいいのかと、問うてみたい。「われわれは国家である」といいうるためには、まるで、この共通の生活が死にたえ、過去となることが必須の条件であるかのように見える。

このような考え方には、文献学者や古文書係の連中の悪い癖、つまり、過去のことでないとつねに真相を見そこなう職業的な視覚の欠陥が認められないだろうか。文献学者とは、文献学者であるために、なによりも過去が存在することが必要な人である。

しかし国は、共通の過去をもつよりまえに、その共同体をつくりあげねばならなかったし、それをつくりあげるよりまえに、それを夢み、欲し、計画しなければならなかった。国が存在するためには、ともかく自分自身の計画をもてば十分である。たとえ計画が達成されなくとも、計画を実施するのに失敗してしまうようなことがあってもかまわないのであり、そういう例はいくつもある。そのような失敗例を若死の国と呼んでもいいだろう〔たとえば、ブルゴーニュ国〕。

スペインは、中南米の諸民族と共通の過去、共通の人種、共通の言語をもっている。しかるに、それらとともに一つの国を形成していない。なぜか。本質的と思われる一つのこと、つまり共通の未来がないのである。スペインは、動物学的には仲間であるこれらの民族を惹《ひ》きつけるような、集団としての未来の計画をつくりだすことができなかった。未来のための人民投票は、スペインにとって不利であった。そこでは、古文書も記憶も祖先も《祖国》もなんの役にもたたなかった。共通の未来があれば、これらのものはすべて、強化する力として役だつのであるが、ただそれだけのことだ。[3]

こういうわけで私は、国民国家のなかに人民投票的な性格をもつ歴史的構造を見るのである。国民国家がこれ以外の様相を示すとしても、それはすべて、一時的な価値、変化する価値であり、人民投票がたえず要求する内容、あるいは形態、あるいは統合整理を示しているにすぎない。ルナンは光彩に富んだ魔術的なことばを見つけだしたものだ。

われわれは、これを（事物を透過する）陰極線として用いることによって、国家の究極的な本質をのぞいてみることができる。それは二つのものからなる。一つは、ある共通の事業によってみんなで共同して生きる計画であり、もう一つは、この魅力的な計画をすべての人が支持することである。このみんなの支持が、国民国家を、むかしのあらゆる国家から区別する内的な強靭《きょうじん》性を生むのである。

むかしの国家の統一は、分散している集団にたいする国家の外的な圧力によってつくられ、維持されていたのにたいし、国民国家では、《臣民》たちの自発的な根強い凝集力から、国家の力が生まれるのである。じっさいに、臣民たちがすでに国家であり、国家を、――これが国家の新しさであり、すばらしいところであるが――なにかかれらにとって異質なものだ、と感ずることができないのである。

だが、それにもかかわらず、ルナンは人民投票ということばを、すでにつくられている国家に関係づけ、その永続を決するものというようなうしろ向きの意味内容を与えることによって、かれの定義の妥当性をほとんど台なしにしてしまった。私はむしろ人民投票の符号を逆にして、生まれつつある国家にたいしてその威力を発揮させたいと思う。これこそ決定的な見方である。

なぜかというと、本当は、国家ができあがっていることはないからである。その点で、国民国家はほかの型の国家と違うのである。国民国家はいつも、つくられつつあるか、こわれつつあるか、そのどちらかであって、第三の可能性はない。国家が活発な事業を、現在、提示しているか否かに従って、支持を得つつあるか、失いつつあるか、そのいずれかである。

だから、西欧の人間集団の熱情をたえずかきたててきた一連の統一的事業を想起してみたら、きわめて有益なことだろう。そうすることによって、たんに公的な面だけでなく、もっとも私的な生活の面でも、ヨーロッパ人がどのくらいそれらの事業によって生きてきたかがわかるだろう。

眼前に事業があるかないかで、どれほど自分を《訓練》したか、あるいはどれほど退廃したかがわかるであろう。

その研究は、さらにもう一つのことを明らかにするだろう。古代人の国家的事業は、その対象である人間集団を打って一丸とする支持を前提としなかったという理由によって、また、いわゆる国家が、宿命的な限界——部族あるいは都市という限界のなかに封じこめられていたという理由によって、事実上は無限界であったということである。

ある民族——たとえばペルシア人、マケドニア人、あるいはローマ人——は、地球のどんな地域をも自己の支配権のなかに入れて統一することができた。ところが、この統一は、本当の統一ではなく、内部的な、決定的な統一でもなかったので、それは、征服者たちの軍事的、行政的な有能さ以外に頼るものがなかった。

しかし西欧においては、国家的統一の過程で、一連の段階をどうしても経過しなければならなかった。ヨーロッパには、ペルシア帝国や、アレクサンドロス大王あるいはアウグストゥス皇帝の帝国のような大規模な帝国をつくることが不可能だったという事実に、われわれはもっと驚くのが当然である。

国が創造される過程は、ヨーロッパではつねに次のようなリズムに従って行なわれた。

第一期　国家とは、諸民族が政治的、精神的な一集団に融合されたものだ、と感ずる西欧人独特の本能が、地理的、種族的、言語的にもっとも隣接した集団の上に作用しはじめる。この隣接関係が国をつくるのではなくて、隣接する者のあいだの差異のほうが始末しやすいからである。

第二期　基礎がための時代であって、新国家の枠の外側に住む他の民族を異民族と感じ、ほぼ敵とみなす。国の形成過程で排他主義の様相が現われ、国家が自己の内部に閉じこもる様相を示す時代である。要するに、今日いうところのナショナリズムの段階である。しかし、政治的には、他の民族を異民族であり競争者であると感じているのに、現実的には、経済的、知的、精神的な面ではかれらと共生関係にある。国家主義戦争は、技術的、精神的な格差をならすのに役だつ。日ごろの敵同士が歴史的に等質化されていく。[4] 敵であるそれらの民族はわれわれの国家と同じ人間圏に属するのだ、という意識が、少しずつ、地平線のかなたに姿を現わしてくる。しかし、かれらを異民族であり敵であるとする考えは変わらない。

第三期　国家は基礎がかたまった。そこで新しい事業がはじまる。すなわち、昨日まで敵であった民族を融合することである。かれらが習慣や利害関係において近親者であり、かれらよりもっと遠く離れた、もっと縁のうすい集団にたいして、一つの国家圏をわれわれとともにつくりうるという確信が増してくる。こうして、新しい国家理念が熟してくる。

私がいいたいことを、例をあげて明らかにしよう。エル・シドの時代[2]にも、スペイン――スパニア――は一つの国家理念となっていたと考え、この主張を裏づける根拠として、その幾世紀かまえに、聖イシドロ[3]が《母なるスペイン》について語っていることをつけ加えるのが普通である。この歴史的展望は、私の考えではひどい誤りであるように思われる。

エル・シドの時代には、レオン・カスティーリャ国家の建設が画策されはじめており、このレオンとカスティーリャの統一が、当時の国家理念であって、政治的に有効な考え方であった[4]。それにたいし、スパニアはもともと学者たちの観念であった。いずれにしても、スパニアはローマ帝国が西欧に種子をまいた豊饒《ほうじょう》な観念の一つではあった。《スペイン人》は、ローマによって、一つの行政単位として、つまり後期帝国の一管区として統一されるのに慣れていた。しかし、この地理・行政的な概念は、たんに受けいれられたものにすぎず、内部からわきでたものではなく、まして望んだものではなかったのである。

十一世紀におけるスペインという観念に、いかにたっぷりと現実味を盛りこみたいとしても、それはヘラスという観念が四世紀のギリシア人にたいしてもっていたほどの力強さと正確さにも及ばなかったことは、認めねばなるまい。しかもヘラスの観念は、真の国家理念とはならなかったのである。

じっさいの歴史的相対関係は、むしろ次のようにいえるだろう。四世紀のギリシア人にとってのヘラスや、十一世紀、いや十四世紀の《スペイン人》にとってのスパニアは、十九世紀の《ヨーロッパ人》にとってのヨーロッパと似たものであった、と。

国家統一の事業は、音響が集まってメロディとなるように、しだいに真の統一に近づいていくことを、このことは示している。昨日のたんなる親和力が国家の息吹きとして凝集するためには、明日まで待たなければならないだろう。しかし、それにもかかわらず、その時期がやってくるのはほとんど確実である。

いまやヨーロッパ人にとって、ヨーロッパが国家観念に変換しうる時機が到来している。それを信ずることは、十一世紀にスペインやフランスの統一を予言するよりも、はるかに現実味がある。西欧の国民国家は、その真の本質に忠実であればあるほど、確実に一つの巨大な大陸国家に結晶していくことであろう。

〔1〕この見解からすると、人間は不可避的に未来派的構造をもっている。すなわち、なによりもまず、未来のなかに、未来によって生きるのである。しかし、私は、古代人をヨーロッパ人に対置して、前者は未来にたいして比較的閉じられており、後者は比較的開かれているといった。だから、二つの主張のなかには矛盾があるように見えるだろう。そう見えるのは、人間は二重構造の実体であることを忘れているからだ。一方では、人間はあるがままの存在であり、他方では、本当の自分とほぼ合致するところの、自己にたいする諸観念をもっている。明らかにわれわれの観念や選択や願望は、われわれの真の存在を無効にすることはできないが、それを複雑にし調節することはできる。古代人もヨーロッパ人も、ひとしく未来を気にしている。しかし、前者は未来を過去の枠のなかに入れるのにたいし、われわれは未来に、新しいものそれ自体に、より多くの自律性を与える。存在にではなく、選択

することのなかにあるこの対立は、ヨーロッパ人を未来派に、古代人を過去派に分類することの正当さを裏書きする。ヨーロッパ人が眠りからさめ、自己を把握するようになるやいなや、自分の生を《近代》*Epoca moderna* と呼びはじめるのは暗示的である。人も知るように、《モデルノ》とは新しいことであり、古い習慣を否定することである。早くも、十四世紀の終わりに、まさに当時はもっとも鋭く人の関心をひいていた問題に関して、近代性 *modernidad* を強調しはじめる。たとえば、近代的信心 *devotio moderno* ということばがあるが、これは《神秘主義神学》における一種の前衛運動であった。

〔2〕国民性の原理は、年代的にいって、ロマン主義の初期（十八世紀の末）の兆候の一つである。

〔3〕いまやわれわれは、巨大な、そして実験室内で観察されるように明瞭な一つの事例を見ようとしているところだ。つまり、イギリスが、その帝国の傘下にあるいろいろな部分に、魅力的な計画を示して、これらを共生関係にある一つの権力のもとにうまくつなぎとめることができるかどうかを、目撃しようとしているのである。

〔4〕この等質性が、本来の諸条件の複数性を尊重し、それを打破しない、という条件があれば、こういえる。

（1）ルナンが一八八二年にソルボンヌで行なった講演「民族とはなにか」で述べたことば。カルマン・レヴィ版の全集、第一巻、九〇四ページ参照。ただし、原文では、「日常的」は「日ごとの」である。

（2）十一世紀後半。二一六ページ参照。

（3）Isidoro. 五六〇ころ～六三六。スペインの西ゴート時代の聖職者で、中世ヨーロッパの代表的神学者。スペインの教会組織を大成した。主要な著書に、『語源』がある。

（4）八世紀のはじめに侵入してきた回教徒によって、イベリア半島の大部分が占領されたが、一部のキリスト教徒は半島北部のアストゥリアス地方にたてこもってアラブの軍門に降《くだ》らなかった。かれらは、九、十世紀にしだいに勢力を増大して南方にアラブを圧迫し、いわゆるレコンキスタ（国土回復）の戦いが続いた。十世紀には、アストゥリアスなどいくつかの勢力が合体してレオンの王国が生まれた。一方、その東部に起こったカスティーリャにはレオンから自治が認められていたが、それはしだいに強力となり、かえってレオンを吸収合併し、十一世紀にはカスティーリャ王国となった。また、イベリア半島東部のアラゴン地方も、十一世紀に独立しており、十二世紀から膨脹をはじめ、十三世紀にはヴァレンシアや地中海の諸島を攻略した。一四六九年にアラゴン王子フェルナンドとカスティーリャ王女イサベルが結婚し、一四七九年に前者の父が死ぬとともに、両王国の支配権はかれらのもとに合一され、さらに一四九二年にアラブの最後の牙城《がじょう》グラナダが陥落して、スペインの事実上の統一が達成された。

IX

西欧諸国がそれぞれもっている今日の輪郭をはみだすやいなや、これらの国々のまわりに、あるいは背後に、あたかもこれら全体の背景をなすかのようにヨーロッパが姿を現わしてくる。ヨーロッパこそ、ルネサンス以来、それらの諸国の動いていく統一的風景であり、このヨーロッパという風景は、諸国そのものであり、これらの諸国は、戦争をする複数の国々という性格を、それと気づかずに捨てはじめている。

フランス、イギリス、スペイン、イタリア、ドイツは相互に戦い、同盟を結んで対立し、それを破棄し、また結ぶ。しかし、これらすべては、戦争も平和もたがいに平等な共生関係をつくるものであって、ローマがセルティベリア（イベリア半島のケルト）、ガロワ、ブリトン、ゲルマン人たちと、平和なときも戦時にも、一度もつくることのできない関係であった。

歴史はなによりもまず軋轢を、また一般に、政治を重視してきた。しかし、この政治というのは、統一の果実が実るまでにもっとも時間のかかる土壌なのである。一つの土地で戦争が行なわれているあいだに、百の土地では、敵とのあいだに交易を行ない、思想や、芸術様式や、信条を交換しあっていたのである。戦闘のどよめきはたんなる緞帳《どんちょう》であって、その背後では、平和の紡織機がかたくなに働きつづけて、敵対関係にある国々の生をつなぎあわせていたのだ、といってもよかろう。

新しい世代を迎えるごとに、人々の魂の等質性が増加した。もっと正確に用心深くいいたければ、次のようにいったらよい。フランス人、イギリス人、スペイン人の魂は、まったく異なっていたし、いまも未来も違っているであろうが、かれらは心理的に同一の水準ないし構造をもっており、なによりもまず、共通の内容を獲得しつつある、と。宗教、科学、法律、芸術、社会的価値、愛の価値は、共通になっていく。しかも、じつに、これらのものこそ、人がそれによって生きるところのものである。魂が同じ型にはめられてつくられた場合よりも、したがって、この場合の等質性のほうが大きいことになるわけだ。

もし今日、われわれの精神内容——意見、規範、願望、自負——の決算書をつくったとすれば、これらの大部分は、フランスからフランス人に、スペインからスペイン人に与えられたものではなく、ヨーロッパという共通の源から得られたのだということに気づくであろう。今日では、われわれのひとりひとりにとって、たとえばフランス人やスペイン人であるためにもっている他国人と違う部分よりも、ヨーロッパ人としての部分のほうが、じっさいにずっと多くなっている。もしも、われわれが純粋に《国民》としてもっているものだけで生きねばならぬという想像上の実験をすれば、そして、純粋に想像上の世界で、平均的フランス人から、他のヨーロッパ諸国から得た習慣、思考、感情をすっかりとりさってみたら、恐怖を覚えることだろう。かれは自分の持ち分だけで生きることはできないこと、かれの内部的財産の五分の四はヨーロッパの共有財産であることに気づくであろう。

地球のここ（ヨーロッパ）に住んでいる人間にとって、四世紀間にわたってヨーロッパということばがかかげてきた約束を実現するのでなければ、ほかにどんな重大なことをすることができるか、全然考えられない。この約束の実現に反対するのは、古ぼけた《国》についての先入観、つまり国を過去のものとして考える観念である。ヨーロッパ人もまたロトの妻の子であって、うしろをふりかえりながら、歴史をつくることに固執するかどうか、やがてわかるであろう。

ローマについて、また一般的に古代人について述べたことは、われわれ自身への訓戒として役だった。たしかに、ある種の人間にとっては、国家という観念がいったん頭のなかにはいってしまうと、その観念を捨てることは非常に困難である。しかし、さいわいにも、ヨーロッパ人が自分で気づいているかどうかは別として、かれらが世界にもたらした国民国家という観念は、だれかに教えてもらっためんどうな文献学的な観念ではない。

さてここで、この論文の主題を要約しよう。今日の世界は、深刻な退廃に陥っている。これはいくつかの兆候となって現われているが、なかでも大衆の無法な反逆が目だつ。退廃の原因は、ヨーロッパの退廃にある。ヨーロッパの退廃にはたくさんの原因があるが、その主要なものの一つは、まえにはヨーロッパが世界の他の地方やわれわれ自身の大陸でふるっていた権力が、どこかへ行ってしまったことである。ヨーロッパは支配しているということに自信がなくなり、世界の他の地方も支配されることに得心がいかない。歴史的な主権は分散しているのである。

もはや《時代の充実》はない。なぜならば、そのためには、十九世紀にそうであったように、明瞭な、まえもって定められた、まちがうことのない未来が前提とされるのに、いまはそうでないからである。当時の人々は、明日なにが起こるかわかっていると信じていた。しかし、いまやまた、地平線は新しい未知の方向に向かって開いている。なぜならば、だれが支配するか、世界のなかで権力がどのように組みたてられるかがわからないからである。だれが支配するかというのは、たとえばどの民族が、あるいはどんな民族集団が、どんなイデオロギーが、どんな傾向、規範、生の衝動が支配するかということである。

近い未来に、どの方角に人間の問題の重心が移るかわからない。そのために、世界の生は、ひどい暫定的な状態に身をまかせている。今日、公的、私的な――心の奥底まで含めて――事柄でなされていることは、ある種の科学のいくつかの分野を除けば、なにもかも暫定的である。今日、宣伝され、誇示され、試みられ、称揚されているいっさいのものを信じない人がいたら、その人はものごとを的確に見ている人であろう。そんなものはすべて、出てきたと同じ速さで、たちまち消えさっていくだろう。

なにもかも、スポーツにたいする熱狂〔熱狂であって、スポーツ自体ではない〕から政治的暴力まで、《新芸術》から流行の海水浴場でのばかげた日光浴まで、すべて同じことであろう。これらはどれも根なし草である。なぜならば、それはどれも悪い意味での発明であって、軽い気まぐれとほぼ同じ程度のものである。それは、生の本質的な根底からの創造ではない。本当の熱望でも必要事でもない。結局すべては、生の本質から見れば欺瞞である。真実性を主張すると同時ににせものであるという、矛盾した生の一様式の例がここにあるのである。

われわれが、なんらかの生の行為がどうしようもないほど必要であると感ずるとき、はじめて生存のなかに真実がある。今日では、自分の政治的行為が不可避的なものだと感じている政治家はひとりもない。身振りが大げさなほど、浮薄なほど、運命から強制される度合が少なければ少ないほど、その不可避性を感じていないのである。避けがたい場面からなりたっている生だけが、自己の根をもった生であり、本物の生である。そのほかのもの、つまり、とろうと、捨てようと、とりかえようと、われわれの思いどおりになるようなものは、まさしく偽造された生である。

現代の生は、一つの空白の時期、つまり過去と未来の、歴史の二つの支配機構のあいだにある真空の時期から生じたものだから、それは本質的に暫定的である。そして、男たちは、どのような真実の制度に奉仕すべきかを知らず、女たちは、どんなタイプの男が本当に好ましいのかを知らない。

ヨーロッパ人は、ある大きな事業に投げこまれなければ、生きていることができない。それがないと、劣悪になり、無気力になり、魂が抜けてしまう。われわれの目のまえで、今日、そうなりつつあるのだ。今日まで国と呼ばれてきたいくつかの区画は、一世紀たらずまえに、最大の規模にふくれあがってしまったのである。その区画を乗りこえなければ、どうしようもない。これらの区画は、ヨーロッパ人の周囲や背後に積もっていく過去でしかなく、ヨーロッパ人を囚人とし、その重荷となっている。

かつてなかったほど生の自由を所有しながら、われわれすべては、それぞれの国のなかで空気を呼吸することもできないと感じている。というのは、その空気が密室の空気だからである。以前には開放されて空気のよく通った広大な環境であった国が、州のようなものになり、《室内》になってしまった。

われわれの想像している超国家では、現在の複数制がなくなることはありえないし、なくなってはならない。古代国家は、諸民族の差異を絶滅し、無活性にし、せいぜいミイラ化して保存していたのにたいし、純粋に動的な国家観念は、いままでつねに西欧の生命であったあの複数制が永久に活性をもちつづけることを要求するのである。

世界中が、生の新しい原理を打ちたてることが急務であると感じている。しかし——このような危機にはいつもそうだったように——何人かの人が、まさに老廃してしまった原理を極端に人工的に強化することによって、現状を救おうと試みている。これが、ここ数年間における《国家主義》の台頭の意味しているものである。そして、つねに——繰り返していうが——そのようなものだったのである。蠟燭《ろうそく》の最後の炎はもっとも長く、臨終の息はもっとも深いのである。国境——軍事的・経済的国境——は消え失せようとして、もっとも緊張を高めている。

しかし、国家主義はすべて袋小路である。かりに国家主義をあすに投射してみたら、その欠陥に気づくであろう。この道はどこにも通じていないのである。国家主義とは、つねに、国家創造の原理に対立する方向への衝動である。国家創造の原理は包容的であるのに、国家主義は排他的である。たしかに、それは国家の基礎をかためる時代には積極的な価値をもっており、高い規範である。しかし、ヨーロッパはすっかりかたまっているから、国家主義は一つの狂気であり、創造の義務と大事業の義務を避けるための口実でしかなくなっている。国家主義の用いている手段の単純さ、それが称揚している人間の種類を見れば、これは歴史的創造とはまさに逆のものであることが、すっかりわかるであろう。

ヨーロッパ大陸の諸国民を一丸として、一大国家を建設する決意だけが、ヨーロッパの心臓をふたたび鼓動させることができるであろう。

そのときヨーロッパはふたたび自信をとりもどすであろうし、そうすれば自然に、自己に多くの要求を課し、自己訓練をするようになるだろう。

しかし現状は、普通評価されているよりずっと危険である。何年かたつうちに、ヨーロッパ人が現在生きている小さな生存の規模に慣れてしまい、世界を支配しないし、自分自身をも支配しない習慣ができてしまう危険がある。そのような場合には、ヨーロッパ人のすぐれた長所も能力も消え失せていくだろう。

しかし、ヨーロッパの統合にたいして、国家形成の過程でいつも起こったように、保守的階級が反対している。それはかれら自身の破滅をもたらすかもしれない。というのは、ヨーロッパが決定的に退廃し、その歴史的エネルギーをすっかり失ってしまう全般的な危険の上に、もう一つの具体的なさしせまった危険が加わるからである。

共産主義がロシアで凱歌《がいか》をあげたときに、多くの人は、西欧が赤色の奔流に洗われるだろうと考えた。私はそのような予言に与しなかった。それどころか、当時私は、ロシアの共産主義は、ヨーロッパ人という、歴史の努力と熱意のすべてを個人主義の切札にかけた種族にとっては、同化しがたい内容をもっている、と書いた。そののち何年か過ぎた。あの当時恐れおののいた人々も、ふたたび平静をとりもどした。かれらは、心の平静を失うべき時期がやってきたまさにそのとき、平静になったのである。というのは、いまならば、共産主義が流れこんで、ヨーロッパを席巻《せっけん》し勝利をおさめることが可能だからである。

私の推測は次のとおりである。いまもまえと同様に、ロシア式の共産主義の綱領は、ヨーロッパ人の興味をひかないし、魅力もないし、望ましい未来図を描きもしない。しかしそれは、すべての使徒と同様に、頑固で、聾者で、誠実さのない（ロシア共産主義の）使徒がつねに主張しているような、つまらない理由によるのではない。もっぱら金利で生活し、それを子孫に伝えるような人間は、たとえ共産主義社会にならなくとも、もうさきゆき長くないことを、西欧のブルジョア自身、よく知っている。

ロシアの信念にたいしてヨーロッパを免疫にしているものは、そんなことではなく、まして恐怖ではない。二十年まえにソレルが暴力の戦術を編みだしたが、その根底にある勝手きわまる前提は、今日ではずいぶん滑稽に見える。ヨーロッパ市民は、かれの信じたほど卑怯《ひきょう》ではないし、現在では、労働者以上に暴力的傾向がある。ロシアでボルシェヴィズムが勝利をおさめたのは、ロシアには有産階級がなかったからだ、ということを知らない人はない。(1) プチ・ブルジョアの運動であるファシズムは、全労働運動をいっしょにした以上に暴力的であることが明らかになった。

だから、ヨーロッパ人が共産主義に逃げこむことを抑えるのは、臆病《おくびょう》だからではなくて、もっとずっと簡単な、それ以前の理由による。すなわち、ヨーロッパ人は、共産主義の組織によって人間の幸福が増すとは思わないからである。

それにもかかわらず——繰り返していうが——ここ何年かに、ヨーロッパがボルシェヴィズムに熱中するようになる可能性はおおいにあるように見える。ボルシェヴィズムのゆえではなく、ボルシェヴィズムであるにもかかわらず、である。

ソヴィエトの政府によって強力に推進されている《五ヵ年計画》が、その目標を達成し、巨大なロシアの経済がたんに再建されるだけでなく、繁栄すると想像していただきたい。ボルシェヴィズムの内容がなんであろうと、それは人間の行なう巨大な事業であることに変わりはない。そのなかで人々は、断固として改革の運命を担って、かれらの信条が課する高度の規律のもとに、緊張して生きているのである。

人間の努力を受けつけない自然力がかれらの意図をひどく挫折《ざせつ》させることがなく、前途にいくらかでも平坦《へいたん》な道を与えるならば、かれらのすばらしい事業のもつ輝かしい性格は、ヨーロッパの地平線に燃えたつ新しい星座として光芒《こうぼう》を放つであろう。その間にヨーロッパが、もしも、近年のような不名誉な植物的な生活を続け、訓練の不足のために神経が鈍くなり、なんら新しい生の計画ももたなければ、どうしてソヴィエトのあれほどすぐれた事業のもつ強い影響力をまぬがれることができるだろうか。

ヨーロッパ人がソヴィエト共産主義の旗に対抗して翩翻《へんぽん》とかかげるべき旗をもっていない現在、そのような新しい行動へとかりたてる呼び声を無感動に聞き流せると思うとしたら、それはヨーロッパ人というものを知らないのである。生を意義あらしめるものに奉仕し、自己の生存の空虚さから逃れようとして、ただそのためにヨーロッパ人が共産主義への反対をひっこめ、共産主義の内容によってではなく、道徳的な身振りによって自分がひきずられていると自覚するようになるのは、考えられないことではない。

一つの大国民国家としてのヨーロッパを建設することこそ、《五ヵ年計画》の勝利に対抗できる唯一の事業である、と私は考える。

政治経済学の専門家たちは、五ヵ年計画の勝利にとって有利な可能性はきわめて少ないと、私たちに保証する。しかし、反共産主義者が、すべてを自分らの敵の直面している物質的困難に期待するとしたら、それはあまりに卑劣な考えであろう。そんなことでは、かれらの失敗は、世界の壊滅、すべての事物、すべての現代人の決定的壊滅を意味することになろう。

共産主義は奇怪な《道徳》であるが、一つの道徳のようなものであることに変わりない。このスラヴの道徳にたいし、西欧の新しい道徳、つまり新しい生の計画への意欲を対置するほうが、もっと公明であり、実り豊かであると思えないだろうか。

〔1〕マルクスの社会主義と、ボルシェヴィズムが、なんら共通の次元をもっていない二つの歴史的現象であることを悟るには、このことで十分であろう。

15　真の問題に到着する

問題は、ヨーロッパには道徳がなくなってしまったという、そのことである。大衆的人間が、新たに出現した道徳を尊重して古ぼけた道徳を軽視しているというのではなくて、かれらの生の体制の中枢において、いかなる道徳にも服さずに生きたいと望んでいるのだ。若者たちが《新しい道徳》について語るのを聞いても、一言も信じてはいけない。ヨーロッパ大陸のどこかの片隅に、道徳を装った新しいエトスを信ずるグループがあるなどということを、私は頭から認めない。

《新しい》道徳について語るとき、人は一つよけいに不道徳行為を犯しているのである。つまり、密造をするための安楽な手段をさがしているにすぎない。

そういうわけだから、今日の人間に道徳が欠如しているといって面責するのは、愚かというべきであろう。そんな非難は、かれらにとって気にもならないし、むしろ喜ばせるくらいのものだ。不道徳は、すっかりありふれたことになってしまったので、だれでもそれを大いばりで見せびらかす。

もしも、本書でしてきたように、過去の生き残りというべきグループ——キリスト者、《理想主義者》、オールド・リベラリストなど——を除けば、現代を代表するすべてのグループのなかで、生にたいする態度が、結局、権利だけはいっさいの権利をもち、義務は一つももたないという信念に帰さないようなグループは、一つも見つからないであろう。

反動主義を装おうと、革命主義者ぶろうと、そんなことは無関係である。つまり、どんな側面から見ても、少しつついてみれば、その精神状態は、結局のところ、すべての義務を無視し、なんのためか自分では全然考えてもみずに、自分は無限の権利を所有していると感じていることが、明らかである。

このような魂の上にどんな種子が落ちようとも、結果はいつも同じであり、具体的なものに服従しないための口実になるだけだ。もし、ある人間が反動主義者あるいは反自由主義者の姿勢を示すならば、それは祖国、国家を救うためにほかのすべての規範を押しつぶし、隣人を――とくに隣人がすぐれた人格をもっているとき――たたきつぶす権利があるのだということを主張しうるように、そうするのである。

しかし、革命派として行動しようと決意した場合にも、同じことが起こる。筋肉労働者や悲惨な境遇にある人々や社会正義などにたいする見せかけの情熱は、あらゆる義務――たとえば礼節、誠実、とくに、きわめてすぐれた人への尊敬――を無視しうる仮装として役だつ。自分自身の心のなかに、知性を軽蔑し、そのまえに頭を下げないですむ権利を獲得するだけの目的で、どれかの労働者の党にはいった人を、私はかなりたくさん知っている。その他の独裁制については、それが大衆にへつらって、すぐれた人と見れば、すべてこれを足蹴《あしげ》にするのを、とくと眺めてきた。

あらゆる義務から逃避するという事実は、現代の世界でいわゆる《青春》謳歌《おうか》の基礎となっている、なかば滑稽で、なかば破廉恥な現象を、いくぶんか解明してくれる。われらの時代といえども、おそらくこれより異様な特徴はもちあわせてはいまい。人々は、喜劇的に、自分が《青年》であると宣言する。なぜかというと、かれらは、青年は、熟年に達するまで無期限に義務の履行を遅らせることができるのだから、義務よりも権利をよけいにもつことになる、ということを聞いたからである。

つねに、青年は、青年である以上、現在偉業をなしとげるとか、過去において偉業をなしとげたことを要求されないのだと考えられている。かれらは、つねに信用貸しで生きてきた。信用貸しで生きるという特徴は、人間性の本質のなかに見いだされるものだ。これは、もはや青年でない人が若者に与えた、なかば皮肉な、なかば愛情のこもったにせの権利のようなものであった。しかるに、若者たちが、これをじっさいの権利と思いこんで、すでになにごとかをなしとげた人にのみ属しているすべての権利を自分のものとするのにそれを利用するにいたっては、あいた口がふさがらない。

まるで嘘のように見えるかもしれないが、青春はゆすりになってしまった。じっさい、われわれは普遍的なゆすりの時代に生きているのである。これは二つの補足的な面をもっている。暴力のゆすりと、冗談半分のゆすりである。そのどちらも同じことを望んでいるのだ。つまり、劣等な者、凡庸な人間が、いっさいの服従からの解放感を味わおうというのだ。

だから、今日の危機を、老朽した道徳あるいは文明と、いま生まれつつある道徳あるいは文明とのあいだの葛藤としてとりあげることによって、この危機をもっともらしくすることはできない。大衆的人間は、ただたんに道徳をもっていないのだ。道徳とは、本質からしてつねに、なにものかへの服従の感情であり、奉仕と義務の意識である。

いま《ただたんに》といったけれども、ことによるとこれはまちがいかもしれない。なぜならば、この手合いが道徳を無視することだけが問題なのではない。いや、かれらの仕事をそんなやさしいものにしてやるのはよそう。道徳にかかわりをもたないことは、とうてい不可能である。文法的にも欠陥があることばであるが、無道徳と呼ばれるものは、存在しないのだ。もし諸君がいかなる規範にも服したくなければ、諸君は、好むと好まざるとにかかわらず、すべての道徳を否定するという規範に服さなければならないことになる。これは無道徳ではなくて、不道徳である。これは、他の道徳からむなしい形骸《けいがい》だけを保存している否定の道徳である。

どうして人々は、生の無道徳を信ずることができるようになったのだろうか。いうまでもなく、近代文化や近代文明が、すべてこの確信に到達したからである。いまやヨーロッパは、その精神的態度の痛ましい果実を拾っているところだ。すばらしい、しかし根のない文化を盲目的に採用してしまったのだ。

この論文のなかで、ある型のヨーロッパ人を、とくに、かれらがそのなかで生まれおちた文明自体にたいしてどのように行動するかということを分析することによって、描写してみたかった。そのような分析をしなければならなかったのには理由がある。それは、この人間は、古い文明と戦う新しい文明を代表しているのではなくて、文明のたんなる否定であり、現実の寄生虫的性格を隠した否定を代表しているからである。

大衆的人間は、こうして他の人が建設し積みあげてきたものを否定しながら、しかもその否定するものによって生きているのである。したがって、かれの心象風景と、「近代ヨーロッパ文化の根本的な欠陥性はなにか」という大問題とを、まぜこぜにしてしまうわけにはいかなかったのである。なぜならば、長い目で見れば、この欠陥から、今日はばをきかせているあの人間たちが生まれていることは、明瞭だからである。

しかし、その大問題はあまりに広範なので、この本のなかで扱うわけにはいかない。それを扱うためには、この本のなかで一つの伏線として、織りこまれ、暗示され、つぶやかれた人間の生にたいする教義を、十分に発展させねばならないだろう。その教義を大声で叫ぶときが、まもなく訪れるであろう。

年　譜

一八八三年　明治十六年

五月九日、ホセ・オルテガ・イ・ガセー José Ortega y Gasset が、マドリッド市に生まれる。父ホセ・オルテガ・ムニーリャは著名な新聞記者、母ドローレス・ガセー・イ・チンチーリャは『エル・インパルシアル』紙創刊者の娘であり、後年、「私は輪転機の上で生まれた」と述懐しているように、裕福なジャーナリストの家庭に育った。

一八九一年　明治二十四年　　八歳

マラガ市のイエズス会系の学校にはいり、ギリシア、ラテン語の勉強に励み、著名な文学者コロマ神父に才能を認められる。

一八九七年　明治三十年　　十四歳

ビルバオ市のデウスト大学に入学、二年間、哲学と法律を学ぶ。

一八九八年　明治三十一年　　十五歳

ウナムーノとの交友が始まる。米西戦争が起こり、スペインは徹底的な敗北を喫し、キューバ、プエルト・リコ、フィリピンなど、植民地をすべて失うことになった。これが人々の心に深い焦燥感を与え、「九八年の世代」と呼ばれる一群の思想家、文学者の活動をうながす契機ともなった。敗戦は若いオルテガにも大きな影響を与えた。この年、マドリッド国立大学に移る。

一九〇二年　明治三十五年　　十九歳
法律の勉強を放棄して哲学に専心し、マドリッド大学を卒業。まもなく『ビダ・ヌエバ』誌に最初のエッセイ「個性的批評について」**De la crítica personal** を寄稿する。

一九〇四年　明治三十七年　　二十一歳
後に妻となるローサ・スポトルノと知り合う。論文「紀元千年の恐怖——ある伝説の批評」**Los terrores del año 1000, Crítica de una leyenda** で博士号を得る。

一九〇五年　明治三十八年　　二十二歳
スペイン政府奨学金を得てドイツに留学。ライプツィッヒ大学ではヴントに、マールブルク大学ではコーエンに、ベルリン大学ではジンメルに強い影響を受けた。以後三年の滞独期間中、とくに新カント派の哲学を学び、『エル・インパルシアル』紙に多くの政治論文を寄せた。「独裁主義と民主主義」「イタリアについて」など、初期のものには社会主義的傾向が強い。

一九一〇年　明治四十三年　　二十七歳
ローサと結婚し、マドリッド大学の形而上《けいじじょう》学の正教授になるなど、幸福な年であった。「政治計画と社会教育」の講義で、スペイン人は何よりも政治的でなくてはならぬと主張した。

一九一一年　明治四十四年　　二十八歳
文部省から一年間、マールブルク大学へ派遣される。

一九一四年　大正三年　　三十一歳
第一次大戦の直前、マチャードらと「スペイン政治教育連盟」を創設し、テアトル・デ・コメディアにおける発会式で、「旧政治と新政治」と題して講演し、若い知識人に感銘を与えた。これは王制の崩壊にもつながる大きな事件だったといわれる。最初の著作『ドン・キホーテをめぐる省察』Meditaciones del Quijote のなかでスペインの文化・政治問題を縦横に論じた。「私は私と私の環境である」という視点をはじめ、後に展開されてゆく彼の思想の萌芽《ほうが》が看取される。アソリン、ペレス・デ・アヤラたちと週刊誌『エスパーニャ』を発刊。

一九一六年　大正五年　三十三歳
労働運動が激しく、労働総同盟と全国労働者連合が戦略協定を結び、ストライキによって政府を脅かし、労働者による臨時政府が樹立されたことすらあった。父とブエノス・アイレスに旅し、同市の「スペイン文化振興協会」のために、約半年、哲学を講じた。個人論文集『観察者』El espectador 第一巻を刊行。彼の知的エネルギーのたぎりはじめた年である。『観察者』は第八巻（一九三四年）にいたるまで間歇《かんけつ》的に出版された。

一九一八年　大正七年　三十五歳
シュペングラーが『西欧の没落』第一巻を刊行。

一九二〇年　大正九年　三十七歳
イタリア・ファシスタ党が結成される。「無脊椎《せきつい》のスペイン」España invertebrada を『エル・ソル』誌に寄稿（刊行は翌年）。

一九二一年　大正十年　三十八歳
「ドン・フワン入門」Introducción a un 〈Don Juan〉を『エル・ソル』誌に寄稿。

一九二二年　大正十一年　三十九歳
父を失う。ムッソリーニがローマに進軍し、組閣する。シュペングラーが『西欧の没落』第二巻を刊行。

一九二三年　大正十二年　四十歳
スペインでは労働攻勢がますます激しく、カタルーニャの自治権要求運動も活発化するなかで、保守陣営の希望を担って、プリモ・デ・リベラ将軍が乗りだし、「愛国同盟」という単一政党を結成する。彼の独裁は一九三〇年まで続いた。ウナムーノらは、このファシスト政権に抗議して大学を去った。オルテガは『レビスタ・デ・オクシデンテ』Revista de Occidente 誌を創刊し、以後十二年間、哲学、科学、文学などの最新のテーマをスペイン語文化圏に伝えた。その水準はフランスの『N・R・F』、イギリスの『クライティリオン』、ドイツの『ディ・ノイエ・ルントシャウ』に匹敵するものであった。『現代の課題』El tema de nuestro tiempo を刊行。シュペングラーの『西欧の没落』スペイン語訳に序文を書く。
一九二五年　大正十四年　四十二歳
『芸術の非人間化』La deshumanización del arte と『小説の考察』Ideas sobre la novela を刊行、高い評価を受ける。ムッソリーニは反対党の一掃を始める。
一九二七年　昭和二年　四十四歳
『ミラボー、あるいは政治家』Tríptico (I)–Mirabeau o el político と『言語の本質』Espíritu de la letra を刊行。
一九二八年　昭和三年　四十五歳
ブエノス・アイレスに旅行する。
一九二九年　昭和四年　四十六歳
前年来の大学紛争のため、政府はマドリッド大学をロック・アウトする。プリモ・デ・リベラに抗議して辞表を提出したが、後に復帰する。「カント論」Kant を発表。
一九三〇年　昭和五年　四十七歳

「哲学とは何か」¿Que es filosofía? と題して開講（出版は一九五七年）。『大衆の反逆』La rebelión de las masas と『大学の使命』Misión de la universidad を刊行。プリモ・デ・リベラ政権倒れる。マラニョン、ペレス・デ・アヤラらと「共和国奉仕集団」を結成する。

一九三一年　昭和六年　四十八歳

共和革命が起こり、憲法制定議会がつくられ、オルテガは代議士となったが、やがて、議会を批判する論文「共和制の修正」Rectificación de la República を発表して辞任する。

一九三二年　昭和七年　四十九歳

「内面から見たゲーテ」Goethe desde dentro を、『ディ・ノイエ・ルントシャウ』『レビスタ・デ・オクシデンテ』両誌に同時発表。『大衆の反逆』の英訳がアメリカで出版され、大きな反響を呼ぶ。

一九三三年　昭和八年　五十歳

「ガリレオをめぐって」En torno a Galileo を発表、その後半が一九四二年に『危機の本質』Esquema de las crisis という単行本になった。このころから円熟の度を増してゆく。

一九三四年　昭和九年　五十一歳

翌年にかけて、「歴史的ならびに社会的生の構造」（『人と人びと』の母体となるもの）をマドリッド大学で講じ、社会学の哲学的基礎を追求した。

一九三五年　昭和十年　五十二歳

「司書の使命」Misión del bibliotecario と題して、「国際司書学会」で講演する。

一九三六年　昭和十一年　五十三歳

七月十八日、スペイン戦争勃発。八月、妻子とともにスペインを逃れ、三年間はフランスとオランダに、その後六年間はアルゼンチンとポルトガルにあって発言しつづけた。ふたたび故国の土を踏んだのは、実に九年後であった。

一九三八年　昭和十三年　五十五歳

『芸術の非人間化』など四篇が、『現代文化学序説』として、池島重信の邦訳で刊行される。

一九三九年　昭和十四年　五十六歳

スペイン戦争は終わったが、前年来の第二次大戦は激烈をきわめる。『自己沈潜と自己疎外』**Ensimismamiento y alteración** と『技術論』**Meditación de la técnica** をブエノス・アイレスで刊行。

一九四〇年　昭和十五年　五十七歳

「ローマ帝国をめぐって」**Del Imperio Romano**、「概念と信念」**Idea y creencias** を発表。

一九四一年　昭和十六年　五十八歳

エルンスト・カッシラーの六十歳記念に「体系としての歴史」**Historia como sistema** を寄稿。ディルタイの影響が強く、人間の根本的な生の問題に挑んだ力作として知られる。異色ある恋愛論『愛について』**Estudios sobre el amor** を刊行。

一九四五年　昭和二十年　六十二歳

第二次大戦が終わる。オルテガはスペインに帰国する。

一九四六年　昭和二十一年　六十三歳

西欧評論社の『オルテガ全集』の刊行が始まる。

一九四八年　昭和二十三年　六十五歳

マドリッドに「人文科学研究所」が設立された。「スペイン学術振興会」も創設され、その発会式に、「ライプニッツの楽観主義」と題して講演する。

一九四九年　昭和二十四年　六十六歳

翌年にかけて、人文科学研究所での講義のために、「人と人びと」El hombre y la gente をまとめる（個人と社会についての論考で、出版は一九五七年）。ゲーテ百周年記念式典のため、アメリカ合衆国を訪れる。ハンブルクでもゲーテについて講演。

一九五一年　昭和二十六年　六十八歳

ドイツに旅し、翌年まで滞在、ミュンヘンその他で講演する。

一九五三年　昭和二十八年　七十歳

マドリッド大学を停年で退官し、イギリス、ドイツなどに旅行する。ドイツでは、オルテガに関する出版が非常にさかんになった。日本でもこの年、『大衆の反逆』の翻訳二種類が刊行される。

一九五五年　昭和三十年　七十二歳

イタリアに旅し、ヴェネツィアで最後の講演を行なう。夏、妻や友人と北スペインを旅し、九月十七日、マドリッドにもどったが、まもなく病気になる。十月十八日、入院していたルペル病院からモンテ・エスキンサ街の自宅に帰り、息をひきとった。

一九五八年　昭和三十三年

『ライプニッツにおける原理の概念と演繹《えんえき》理論の発展』La idea de principio en Leibnitz y la evolución de la teoría deductiva、『演劇の理念』Idea del teatro、『ゴヤ論』Goya、『カント、ヘーゲル、ディルタイ』Kant, Hegel, Dilthey、『若い民族に関する考察』Meditación del pueblo joven 刊行。『体系としての歴史』の新版刊行。

一九五九年　昭和三十四年
『ベラスケス論』Velásquez 刊行。『ガリレオをめぐって』の新版刊行。
一九六〇年　昭和三十五年
トインビーの『歴史の研究』の解説と検討を目的とした一九四八年の講義に基づく『世界史の一解釈』**Una interpretación de la historia universal**、『ヨーロッパ論』**Meditación de Europa**、『哲学の起源と結末』**Origen y epílogo de la filosofía** 刊行。『ラス・アトランティダス（楽土論）』などの新版刊行。
一九六二年　昭和三十七年
西欧評論社の全集の第八巻、第九巻刊行（「狩猟と闘牛」**La caza y los toros**,「現代人にとっての過去と未来」**Pasado y porvernir para el hombre actual**、「プラトンの饗宴《きょうえん》をめぐって」**Comentario al《Banquete》de Platón** など、未刊のものを含む論文や講演のメモを収録）。
一九六九年　昭和四十四年
『オルテガ全集』第一〇巻、第一一巻刊行（一九〇八～二三年の政治論文を収録）。

読書案内

「オルテガ著作集」全八巻　白水社、一九六九—七〇年（一九九八年新装復刻）
1『ドン・キホーテをめぐる省察』（長南実訳）、『現代の課題』（井上正訳）
2『大衆の反逆』『無脊椎のスペイン』（桑名一博訳）
3『芸術論集』（神吉敬三訳）
4『危機の本質—ガリレイをめぐって』（前田敬作・山下謙蔵共訳）、『体系としての歴史』（井上正訳）
5『個人と社会—《人と人びと》について』（A・マタイス、佐々木孝共訳）
6『哲学とは何か』（生松敬三訳）、『愛について』（荒井正道訳）
7『世界史の一解釈』（小林一宏訳）
8『小論集』（生松敬三・桑名一博編）
『反文明的考察』　西澤龍生訳、東海大学出版会、一九六六年
『傍観者　エル・エスペクタドール』　西澤龍生訳、筑摩叢書、一九七三年
『ヴィルヘルム・ディルタイと生の理念』　佐々木孝訳、未来社、一九八四年
『哲学の起源』　佐々木孝訳、法政大学出版局、一九八六年
『ドン・キホーテをめぐる思索』　佐々木孝訳、未来社、一九八七年
『狩猟の哲学』　西澤龍生訳、吉夏社、二〇〇一年

中公
クラシックス
W15

大《たい》衆《しゆう》の反《はん》逆《ぎやく》
オルテガ

2002年2月10日初版
2016年11月25日9版

訳　者　寺田和夫

発行者　大橋善光

印刷　凸版印刷
製本　凸版印刷

発行所　中央公論新社
〒100-8152
東京都千代田区大手町1-7-1
電話　販売 03-5299-1730
　　　編集 03-5299-1840
URL http://www.chuko.co.jp/

訳者紹介

寺田和夫（てらだ・かずお）
1928年（昭和3年）横浜生まれ。東京大学理学部人類学科卒。1958－69年、東京大学アンデス地帯学術調査団の一員としてペルーの考古学遺跡発掘調査に従事。東京大学教授。専門は文化人類学、アンデス先史学。理学博士。ペルー共和国特別功労賞。著書に『アンデス一人歩き』『人類の創世記』ほか。1987年（昭和62年）逝去。

Published by CHUOKORON-SHINSHA, INC.
Printed in Japan　ISBN978-4-12-160024-0　C1210

■「終焉」からの始まり

――『中公クラシックス』刊行にあたって

二十一世紀は、いくつかのめざましい「終焉」とともに始まった。工業化が国家の最大の標語であった時代が終わり、イデオロギーの対立が人びとの考えかたを枠づけていた世紀が去った。歴史の「進歩」を謳歌し、「近代」を人類史のなかで特権的な地位に置いてきた思想風潮が、過去のものとなった。

人びとの思考は百年の呪縛から解放されたが、そのあとに得たものは必ずしも自由ではなかった。固定観念の崩壊のあとには価値観の動揺が広がり、ものごとの意味を考えようとする気力に衰えがめだつ。おりから社会は爆発的な情報の氾濫に洗われ、人びとは視野を拡散させ、その日暮らしの狂騒に追われている。株価から醜聞の報道まで、刺戟的だが移ろいやすい「情報」に埋没している。応接に疲れた現代人はそれらを脈絡づけ、体系化をめざす「知識」の作業を怠りがちになろうとしている。

だが皮肉なことに、ものごとの意味づけと新しい価値観の構築が、今ほど強く人類に迫られている時代も稀だといえる。自由と平等の関係、愛と家族の姿、教育や職業の理想、科学技術のひき起こす倫理の問題など、文明の森羅万象が歴史的な考えなおしを要求している。今をどう生きるかを知るために、あらためて問題を脈絡づけ、思考の透視図を手づくりにすることが焦眉の急なのである。

ふり返ればすべての古典は混迷の時代に、それぞれの時代の価値観の考えなおしとして創造された。それは現代人に思索の模範を授けるだけでなく、かつて同様の混迷に苦しみ、それに耐えた強靭な心の先例として勇気を与えるだろう。そして幸い進歩思想の傲慢さを捨てた現代人は、すべての古典に寛く開かれた感受性を用意しているはずなのである。

（二〇〇一年四月）